쉽고 간단한
스페인어
회화
표현
UP

동인랑

》머리말

쉽고 간단한 스페인어 회화 표현UP

스페인은 여러가지 면에서 우리나라와 매우 밀접한 관계를 맺고 있다. 과거 스페인은 우리에게 감정적 · 지리적으로 너무나 먼 나라였지만, 현재는 경제적 · 문화적으로 많은 교류가 이루어지고 있다. 증가되는 교류는 많은 사람들의 교류로 이어졌고, 필연적으로 스페인어를 배워야만 하는 필요성은 증가되고 있다.

스페인어가 배우기 힘든 것은 스페인어 자체의 어려움도 있지만, 스페인어를 체계적으로 학습할 수 있는 교재가 없기 때문이다. 그래서 [열공 왕초짜 스페인어 첫걸음]과 연계한 [쉽고 간단한 스페인어 회화 표현 UP]을 출간하게 되었다.

우리말에 익숙해진 상태에서 스페인어를 배우면 스페인어식으로 생각하기 보다는 우리말 식으로 생각하고 다시 스페인어 체계로 문장을 만들어 말하는 힘든 과정을 겪게 된다. 그래서 우리말 체계로 생각해도 말은 스페인어로 말할 수 있는 이 책을 만들게 되었다.

① 지금까지 나와있는 문법위주의 딱딱한 스페인어가 아니라 우리말표현을 먼저 생각하고, 그 미묘한 **뉘앙스에 따른 현지 스페인어**를 실었다.

② 또한, 우리가 실생활에서 흔히 접할 수 있는 문장들을 다양한 스페인어 표현으로 나타내어, **그때 그때 하고 싶은 말을 바로 바로 구사할 수 있도록 구성**하였다.

③ 하나의 문장 속에서 **단어를 바꾸어 새로운 문장을 말할 수 있도록 패턴회화**를 연습할 수 있도록 하였다.

④ 패턴 회화로 활용할 수 있게 **유용한 단어들을 함께 수록**하였다.

⑤ **카카오 톡 1:1 상담 서비스**를 운영하여 보다 쉽고 공부할 수 있도록 하였다.

외국어 교육팀

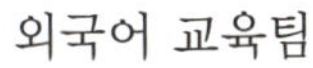

》이 책의 구성과 활용

스페인어 발음

기본적인 스페인어의 알파벳과 발음을 알아본다.
스페인 문자는 로마자로 영어의 알파벳을 사용하며, 자음 25개, 모음 5개의 총 30개의 알파벳으로 이루어져 있다. 잘 듣고 발음을 익히자.

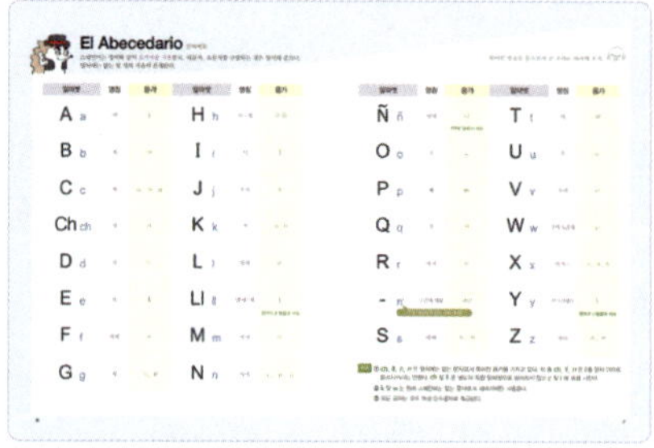

스페인이란?

우리말과 스페인어의 차이에 대해 알아보고, 스페인의 다양한 호칭을 미리 익히자.

기본회화

현지에서 사용하는 일상적인 회화 중, 가장 기본이 되는 문장들만을 엄선하였다.
원어민이 녹음한 발음을 들으면서 스페인어에 익숙해지도록 하자.

CHAPTER 2

본문

패턴문장과 기본단어

각각의 장면별 상황에 따라 가장 필수적인 패턴문장을
연습하고, 재미있는 일러스트와 함께 기본적인 단어도
익히도록 한다.

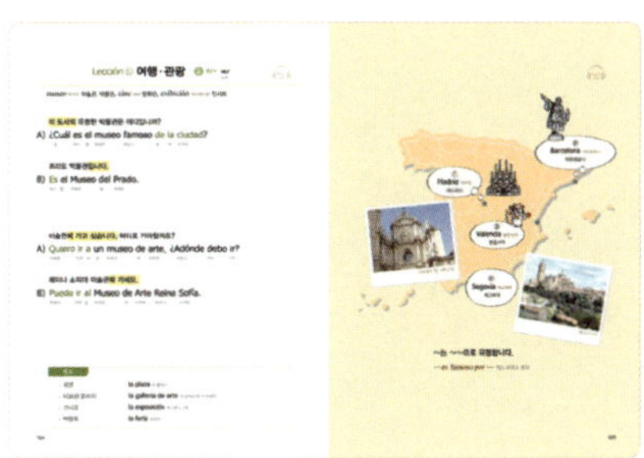

유용한 표현

상황에 따라 유용하게 쓸 수 있는 문장들을 엄선하였다.
특히 우리말 뉘앙스에 따른 스페인어를 할 수 있도록 우
리말 표현을 먼저 실었다.
문장에서 꼭 알아야 할 문화적 차이나 문법은 tip으로 간
단히 설명하였다.

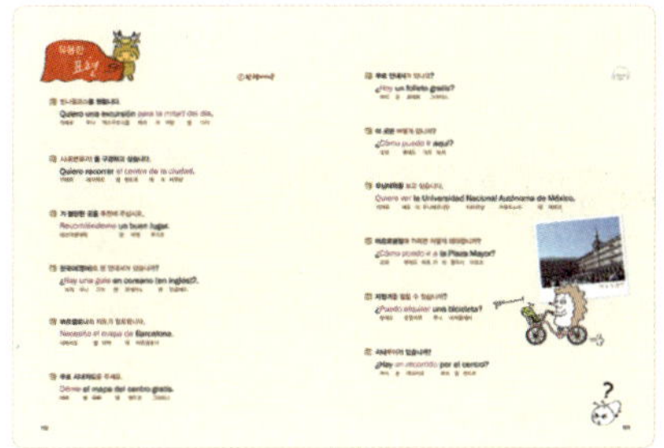

CHAPTER 3

질문과 답변

신상 · 물건 · 시간 · 숫자 · 가격 · 교통 · 위치 · 장소
등과 같은 일상적인 질문들과 답변들을 익힌다.
이유나 설명을 구하거나 부탁, 권유 · 제안, 계획 · 결
정, 충고 · 주의 등의 표현에 대해서도 간단히 알아보자.

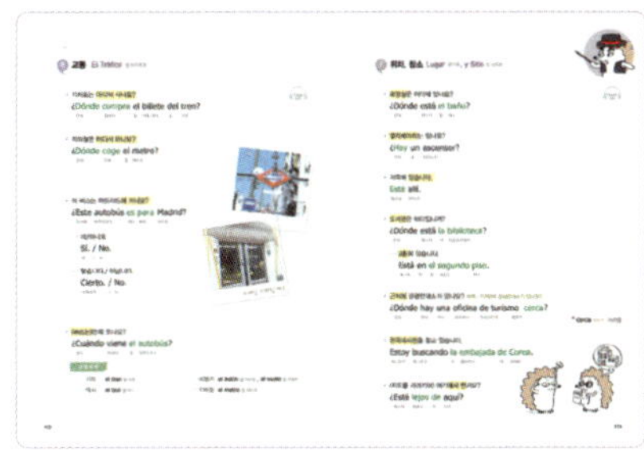

# 차례

El Abecedario 엘 아베쎄다리오

스페인어는 영어와 같이 로마자를 사용한다. 대문자, 소문자를 구별하는 것은 영어와 같으나, 영어에는 없는 몇 개의 자음이 존재한다.

알파벳	명칭	음가	알파벳	명칭	음가
A a	아	ㅏ	H h	아-체	묵음
B b	베	ㅂ	I i	이	ㅣ
C c	쎄	ㅆ, ㄲ	J j	호따	ㅎ
Ch ch	체	ㅊ	K k	까	ㄲ, ㅋ
D d	데	ㄷ	L l	엘레	ㄹ
E e	에	ㅔ	Ll ll	엘예/제	ㅣ 영어의 y 발음과 비슷
F f	에페	ㅍ	M m	에메	ㅁ
G g	헤	ㄱ, ㅎ	N n	에네	ㄴ, ㅁ, ㅇ

알파벳	명칭	음가	알파벳	명칭	음가
Ñ ñ	에녜	니 **n+y** 발음과 비슷	**T** t	떼	ㄸ
O o	오	ㅗ	**U** u	우	ㅜ
P p	뻬	ㅃ	**V** v	우베	ㅂ
Q q	꾸	ㄲ	**W** w	우베 도블레	ㅜ
R r	에레	ㄹ	**X** x	에끼스	ㅅ, ㄲ, ㅎ
- rr	도블레 에뤠 **rr**은 대문자가 없는 것에 주의!	ㄹㄹ	**Y** y	이그리에가	ㅣ 영어의 y 발음과 비슷
S s	에쎄	ㅅ, ㅆ	**Z** z	세따	ㅅ, ㅆ

주의 ① ch, ll, ñ, rr은 영어에는 없는 문자로서 특이한 음가를 가지고 있다. 이 중 ch, ll, rr은 2중 문자이므로 분리시켜서는 안된다. ch 및 ll 은 별도의 독립 알파벳으로 분리하지 않고 c 및 l 에 포함시킨다.

② k 및 w 는 원래 스페인에는 없는 문자로서 외래어에만 사용된다.

③ 모든 문자는 여성 단수명사로 취급된다.

CARTOON
스페인이란?

CARTOON
스페인이란?

여러 민족으로 구성된 스페인은 로마시대 이후부터, 까스띠야왕국이 1492년 이슬람
(아랍)권의 최후의 왕국 그라나다를 함락시키기 전까지 그들의 통치를 받았다.
이후, 까스띠야의 이사벨라 여왕의 지원을 받은 콜럼버스가 아메리카 신대륙을 발견
하고, 영국에 의해 스페인의 무적함대가 격파되기 전까지 전성기는 계속된다.

스페인... 그 곳이 알고 싶다?

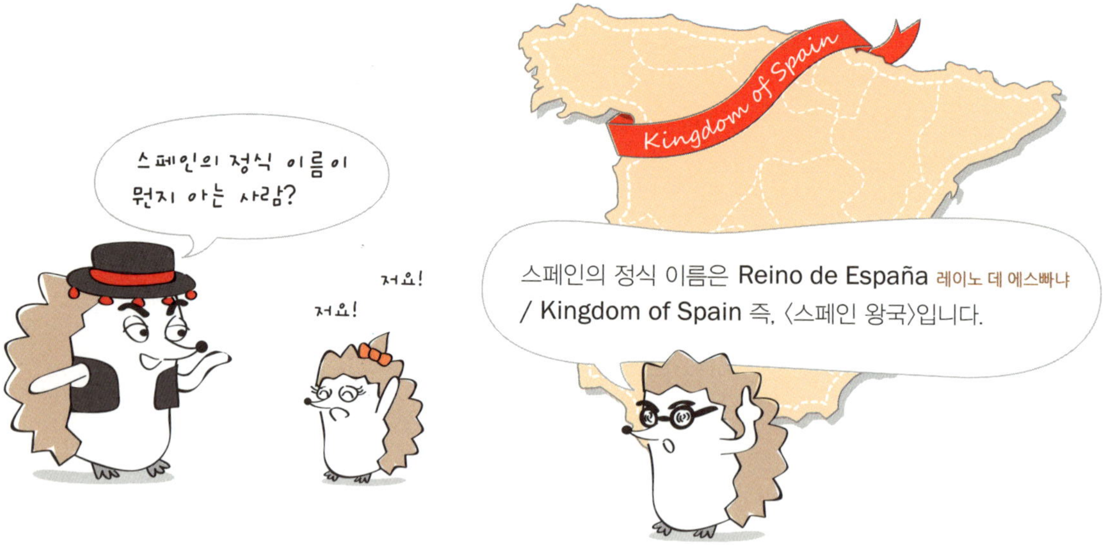

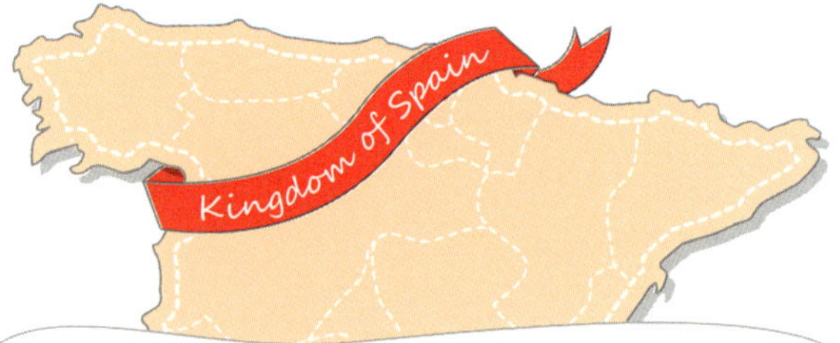

노랑색은 **국토** 빨강색은 **피**의 상징입니다.
노랑색면 좌측에 왕국의 문장이 있고,
양쪽 기둥은 Hercules의 기둥이죠.

1479년 까스띠야 여왕 이사벨 1세가 아라곤왕
페르난도 2세와 결혼을 해 **에스파냐 왕국**이 설립됩니다.

이렇게 해서 〈태양의 나라, 해가 지지 않는 나라〉 스페인은 중남미에서 포루투갈이 차지한 브라질을 제외한 나라에 식민지를 건설하고 언어와 문화를 전파했다.

*스페인어 사용국가 : 아르헨티나, 칠레, 멕시코 등...

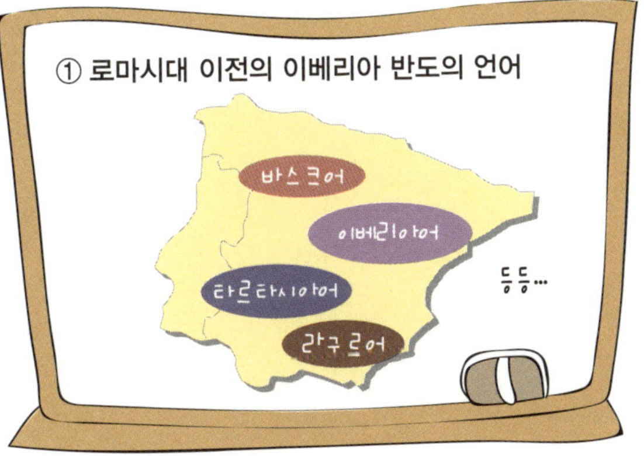

② **로마시대**

기원전 3세기경 로마인들이 이베리아 반도를 점령했다.
이때 로마인들이 사용한 언어는 *통속라틴어이다.

기존의 언어중
바스크어만이 살아남고,
나머지 언어는 통속라틴어로
대체되었다.

③ **이슬람(아랍)통치시대** 북부 아프리카에 본거지를 둔 회교 아랍인들의 이베리아 반도 침입은
A.D.711에 시작되었고, 거의 전 이베리아 반도를 차지하였다.

④ **통일 후**

지리적 · 역사적 여건으로 여러 형태의
방언이 발전하였는데 그 중, 다음의
4가지 방언을 많이 사용했다.

Ⓐ Castilla 까스띠야어
Ⓑ Cataluña 까딸루냐어
Ⓒ Galicia 갈리시아어
 (지금의 포르투갈어의 어원이 된다)
Ⓓ País Vasco 바스크어

스페인어의 표준어를 el español 엘 에스빠뇰 보다는
el castellano 엘 까스떼야노 라고 부르기도 한다.

이미 앞에서도 잠시 나왔지만,
스페인어는 중남미 여러나라에도 전파 되었다.

전세계적으로 약 3억 5천만명 정도가 모국어로
사용하고, 단어의 쓰임이 간간히 다른 것들이 있지만,
미국식 영어와 영국식 영어가 통하듯이
본토 스페인어와 중남미 스페인어도 뜻이 통한다.

스페인어의 특징

2. 동사변화가 다양하다,

주어의 인칭과 시제에 따라 동사가 변화하므로 스페인어의 구조를 파악하기 위해서는 동사변화를 잘 알아두어야 한다.

1 음절분해

음절분해를 이해하는 것은 단어의 강세를 아는데 있어 필수적이다. 원칙은 아래와 같다.

① 모음과 모음 사이에 하나의 자음이 있을 때
이 자음은 뒷 음절에 포함된다.

ca-ma 까 마 침대   co-che 꼬 체 자동차 ⇨ ch는 하나의 철자이다.
pa-dre 빠 드레 아버지 ⇨ dr은 이중자음이다.

② 모음과 모음 사이에 두 개의 자음이 있을 때
이 자음들은 분리되어 앞 뒤 음절에 하나씩 포함된다.

her-ma-no 에르 마 노 남자형제 siem-pre 씨엠 쁘레 항상

③ S 다음에 자음이 뒤따라 올 때
S 는 앞음절에 포함된다.

os-cu-ro 오스 꾸 로 어두운   ins-pi-ra-ción 인스 삐 라 씨온 영감

2 강세

① n, s를 제외한 자음으로 끝나는 단어는
마지막 음절에 강세를 갖는다.

② 모음 또는 n, s로 끝나는 단어는 끝에서 두 번째 음절에
강세를 갖는다.

câ-ro 까 로 비싼   e-xâ-men 엑 싸 멘 시험

mâr-tes 마르 떼스 화요일

③ 1번, 2번 규칙을 따르지 않고 불규칙 강세를 가지고 있는
단어는 따로 기억해 두어야 한다.

lec-ción 렉 씨온 과목   sá-ba-do 싸 바 도 토요일

jar-dín 하르 딘 정원

3 **명사의 성과 수**

① 성

스페인어의 명사는 모두 남성 , 여성 으로 구분된다.
일반적으로 단어의 끝이 o로 끝나면 남성 ,
a로 끝나면 여성 이지만 예외도 많이 있고
자음으로 끝나는 경우도 있으므로 주의해서 기억해
두어야 한다.

② 수

명사의 복수형은 자음으로 끝난 명사의 경우
그 어미에 **es**를 붙여서 표시하고, 모음으로 끝
난 명사의 경우에는 그 어미에 **s**를 붙여서 표
시한다.

4 형용사

형용사는 수식하는 **명사의 성과 수에 일치**하여야 한다.

① 어미가 **O**로 끝나는 형용사 여성명사를 수식할 때
   o ⇒ a로 바꿔주어야 하고,

② 어미가 **O**가 아닌 문자로 끝난 형용사
   ⇒ 명사의 수에만 일치시키면 된다.

5 정관사와 부정관사

	정관사 영어의 the		부정관사 영어의 a, an	
	단수	복수	단수	복수
남성	el	los	un	unos
여성	la	las	una	unas

호칭과 인사

1 호칭

스페인어의 호칭은 남성 과 여성 으로 구별된다.

① 아는 사람을 부를 때

여성 을 부를때

후아나씨/님/여사님
¡Señora Juana!
쎄뇨라　후아나

남성 을 부를때

후안씨/님
¡Señor Juan!
쎄뇨르　후안

보통 영어권에서는
신사숙녀 여러분!을
Ladies and Gentlemen
레이디스 앤 젠틀맨
으로 말하는데…

스페인어로는
¡Señoras y señores!
세뇨랴스   이 세뇨레스
라고 말합니다.

：숙녀 dama
　　　 다마

：신사 coballero
　　　 까바예(제)로

¡Damas y caballeros ! (=Ladies and gentlemen.)
다마스   이 까바예(제)로스

ll, y의 발음은 스페인지역과 중남미지역이 다르다.
스페인은 우리말 [ㅇ]로, 중남미는 우리말 [ㅈ]로
발음한다.

---

tip

스페인어에서는 **명사**와 **형용사**가 성별에 따라 변화한다.

기본적으로 명사든 형용사든 자음이나 -o로 끝나면 남성형 인데, 자음 뒤에 -a를 붙이거나 어미 -o를 -a로 변화시켜 여성형 을 만들 수 있다.

물론 -e로 끝나면 남·여 동형인 경우 등 다른 유형도 있고, 수많은 예외가 존재하기도 한다. 책에서는 기본적인 형태의 경우 성별에 따른 변화는 ( )로 여성형을 표기하겠다.

Juan 후안 의 여성형은 Juana 후아나 이다.

Gabriel 가브리엘 남성형 ➡ Gabriela 가브리엘라 여성형

Profesor(a) 쁘로페소르(라)　　선생님/교수님

Coreano(a) 꼬레아노(나)　　한국인 남자/여자

¡Doctor(a) Juan / Juana!　　후안/후아나 박사님!
독또르(라).　 후안　　후아나

저기 가는 사람을 부를때는 스페인어로
¡Ey, Hombre! 라고 말해요.
에이 옴브레

Alejandro 알레한드로 또는 Ale 알레
친구 간에는 주로 ⟨야~⟩ Ey 에이,
라고 친근하게 부르기도 해.

호칭

¡Señor! 쎄뇨르	아저씨 줄여쓰기 Sr.		Tú 뚜	너	
¡Señora! 쎄뇨라	아주머니 줄여쓰기 Sra.		Vosotros 보소뜨로스	너희들	
¡Señorita! 쎄뇨리따	아가씨 줄여쓰기 Srta.		Usted 우스뗄	당신 줄여쓰기 Ud.	
			Ustedes 우스떼데스	당신들 줄여쓰기 Uds.	

혼잡한 지하철 안에서
사람들 틈을 지나 내릴 때

실수로 옆 사람 발을 밟았을 때

★ Perdóname 뻬르도나메 와 Perdóneme 뻬르도네메 의 차이

Perdóname : 상대방을 tú 뚜 너 로 설정
Perdóneme : 상대방을 usted 우스뗏 당신 으로 설정

★ Perdón 뻬르돈 과 Disculpe 디스꿀뻬 의 차이

Perdón과 Disculpe 사이에 큰 차이는 없다.
다만 Perdón이 스페인에서, Disculpe가 멕시코 등에서 많이 쓰이는 표현이다.

Oye 오이예/오이졔의 -ye는 우리말의 예 로 발음하는 것이 일반적이지만, 콜롬비아 등 남미 지역에서는 졔 로 발음하기도 한다.

2 인사

① 만났을 때

Buenos días. 안녕하세요. 아침
부에노스 디아스

Buenas tardes. 〃 점심
부에나스 따르데스

Buenas noches. 〃 저녁
부에나스 노체스

tip ¿Cómo estás (tú) ? 꼬모 에스따스(뚜) 는 **안녕하십니까?** 란 뜻의 건강상태·기분 등을 묻는 인사말로, 시간과 상관없이 자주 쓰이는 표현이다.

¡Hola! 올라 는 영어의 Hello처럼 가장 기본적인 인사말로 **안녕**이란 뜻이며, 친한 친구 사이에 쓰인다.

② 처음 만났을 때

Encantado. (만나서)반갑습니다.
엔깐따도

Encantada.
엔깐따다

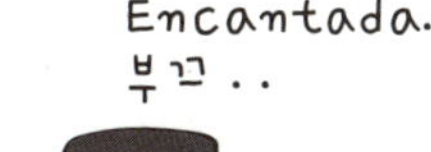

tip Mucho gusto. 무쵸 구스또 **(만나서)아주 기쁩니다.** 라는 표현도 많이 쓰는데, 이렇게 말하면 상대방은 El gusto es mío. 엘 구스또 에스 미오 **(오히려) 제가 기쁩니다.** 라고 답한다.

③ 헤어질 때

Adiós. 안녕히 계세요.
아디오스

¡Hasta luego! 또 봅시다.
아스따 루에고

CHAPTER 1

기본회화

스페인에서 사용하는 간단하고 쉬운 문장들을 엄선하였다.
우리말 표현을 생각대로 스페인어로 바꿔 말할 수 있도록, 원어민 발음을 듣고
따라히며 언습하자!

1.만났을 때 인사

① 일상 인사

가장 기본적인 인사 표현으로는 가볍게 **안녕** 하고 말하는 ¡Hola! 올라 가 있으며 우리말과 달리 시간에 따라 달라지는 인사말이 있다.

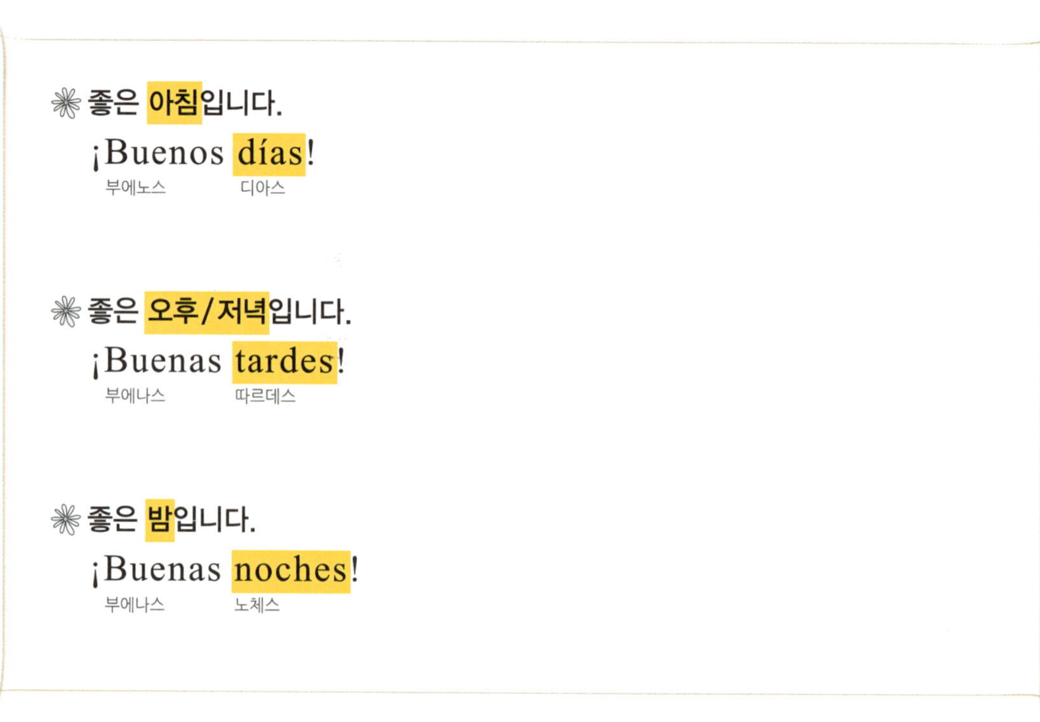

✳ 좋은 **아침**입니다.
¡Buenos **días**!
부에노스　디아스

✳ 좋은 **오후/저녁**입니다.
¡Buenas **tardes**!
부에나스　따르데스

✳ 좋은 **밤**입니다.
¡Buenas **noches**!
부에나스　노체스

처음 만났을 때 가장 먼저 하는 말은 **매우 반갑습니다** Mucho gusto 무쵸 구스또 이다.

❋ 처음 뵙겠습니다. = 만나서 반갑습니다

Mucho gusto.
무쵸　　　　구스또

❋ 저는 후안이라고 합니다. 　스페인적 표현

(Yo) Soy Juan. ⁼ Me llamo Juan.
요/죠　 쏘이　 후안　　　　메　　야모/쟈모　 후안

Tip 스페인어 동사는 변화를 하기 때문에 **soy** 쏘이 라는 동사만으로 주어를 알 수 있으므로 주어인
yo 요/죠 는 생략하는 경우가 많다.

● 당신을 만나게 되어 아주 반갑습니다.

Me alegro mucho de conocerle.
메　　알레그로　　무쵸　　　데　　꼬노쎄를레

┈➤ 저 역시 만나서 반갑습니다.

Igualmente, mucho gusto.
이구알멘떼　　　　　무쵸　　　구스또

● 당신을 알게 되어 기쁩니다.

Es un placer conocerle.
에스　운　　뽈라쎄르　　꼬노쎄를레

✳ 이 사람/분 은 ~~입니다.

Este hombre es~ 남자　　　Esta mujer es~~ 여자
에스떼　옴브레　에스~　　　에스따　무헤르　에스~

예 이 분은 마리오/마리아 입니다.
Este hombre es Mario. 에스떼 옴브레 에스 마리오　남자
Esta mujer es María. 에스따 무헤르 에스 마리아　여자

● 이사람은 제 ~~ 입니다.

Esta es mi mujer/ novia. 아내 / 애인
에스따　에스 미　무헤르　　노비아

Este es mi marido/ novio. 남편 / 애인
에스떼　에스 미　마리도　　노비오

Tip 남성형용사는 주로 **o** 오로, 여성형용사는 **a** 아 로 끝난다.

···▶ 만나고 싶었습니다.

Quería conocerte.
께리아　　　꼬노쎄르떼

Quería conocerle a usted. 존칭
께리아　　　꼬노쎄를레　　아 우스뗄

Tip **usted** 은 존칭에 해당한다. 중남미에서는 **tú** 뚜 와 **usted** 우스뗄 을 구분하여 사용하는 편이며, 스페인에서는 비교적 **tú** 뚜 를 많이 사용한다.

- 인상이 좋으시네요.

  ## Usted me parece simpático/a.
  우스뗄 메 빠레쎄 씸빠띠꼬 까

  * simpático 씸빠띠꼬 호감가는

  ┉▸ 어려 보이시는군요. (= 동안이시네요.)

  ## Se ve joven.
  쎄 베 호벤

  * joven 호벤 젊은

- 전에 한 번 만난 적이 있는 것 같습니다.

  ## Creo que le he visto antes.
  끄레오 께 레 에 비스또 안떼스

Tip he visto 에 비스또 는 **ver** 베르 동사의 현재완료형이다.

creo que... 끄레오 께 는 영어의 **I think that...**의 의미로 자신의 생각을 말할 때 유용한 표현이므로 기억해두면 좋다.

③ **안부와 건강을 묻는 인사** 스페인어 의문사는 강세를 주의해야 한다.

의문사는 Quién 끼엔 **누가**, Cuándo 꽌도 **언제**, Dónde 돈데 **어디**, Qué 께 **무엇**, Cuál 꽐 **어느 것**,
Cómo 꼬모 **어떻게**, Cuánto 꽌또 **얼마나**, Por qué 뽀르께 **왜** 등 이 있다.

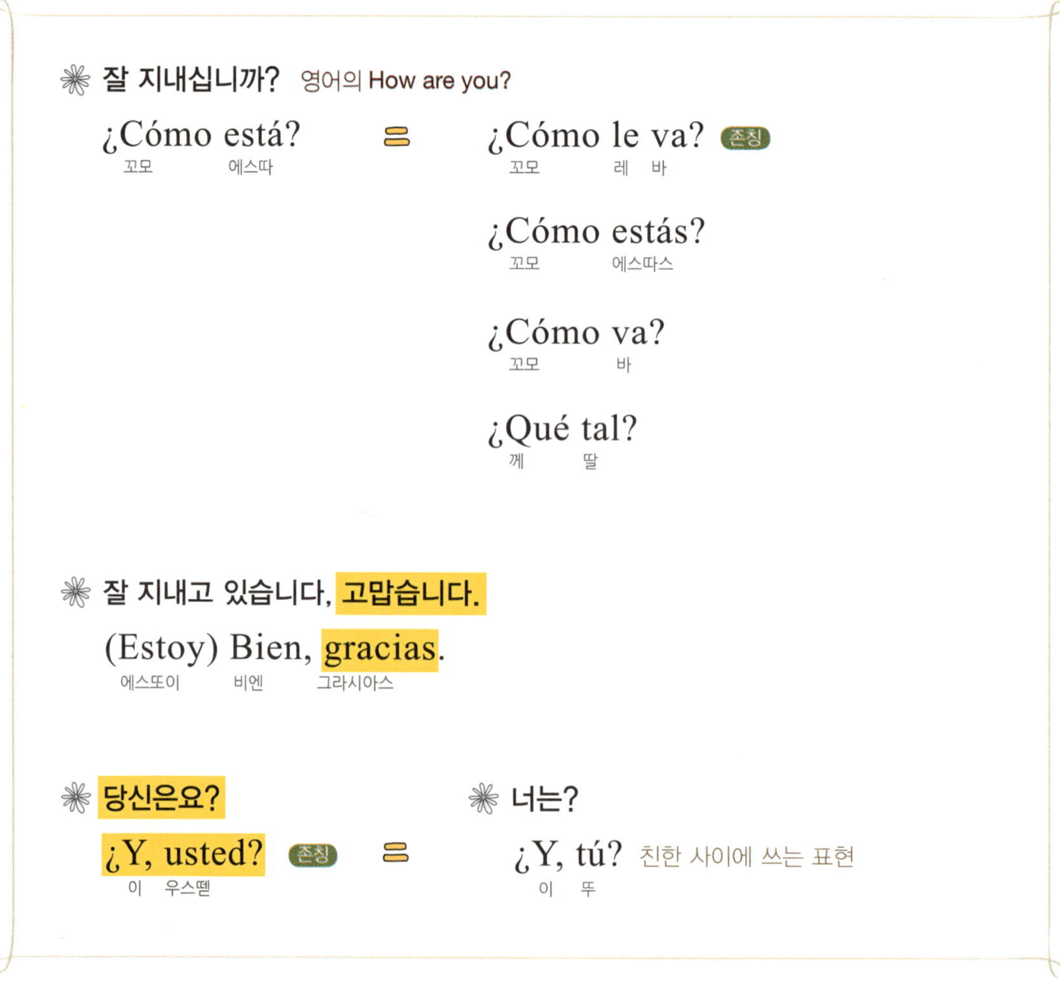

● 잘 지내십니까? 의문문을 말할 때에는 말꼬리를 자연스럽게 올린다.

¿Cómo está?
꼬모   에스따

성 · 수 변화를 하는 의문사

★ 의문대명사 **Quién** 끼엔

예 》 **그**는 누구인가요?

¿Quién es él?
끼엔　　에스 엘

그들은 누구인가요?

¿Quiénes son ellos?
끼에네스　　손　　에요스/에죠스

★ 의문부사 / 의문형용사 **Cuánto** 꽌또

예 》 **얼마**입니까?　의문부사

Cuánto cuesta?
꽌또　　꿰스따

몇 살이십니까?　의문형용사

¿Cuántos años tiene?
꽌또쓰　　아뇨쓰　띠에네

★ **Qué** 께

예 》 **이것은** 무엇입니까?　의문대명사

¿Qué es esto?
께　　에스 에스또

몇 시입니까?　의문형용사

¿Qué hora es?
께　　오라　에스

···▶ 아주 **잘 지냅니다.**

Muy bien.
무이　　비엔

그럭저럭 지냅니다. =그저 그래요.

Así así.
아씨　아씨

좋지 않습니다.

Mal. / Muy mal. / Fatal.
말　　　무이　말　　　파딸

Tip　muy 무이 는 매우를 뜻한다.　Mal ＜ Muy mal ＜ Fatal　좋지 않은 정도
Bien ＜ Muy bien　좋은 정도

● 요즘 어떻게 지내세요? 의문문을 말할 때에는 말꼬리를 자연스럽게 올린다.

¿Cómo le va la vida?

꼬모　　레　바　라　비다

····▶ 매우 잘 지내고 있습니다.

Estoy muy bien.

에스또이　　무이　　비엔

별 재미가 없네요. (=재미있는 일이 없네요.)

No tengo nada interesante.

노　　떼고　　　나다　　인쎄레산떼

Tip 요즘 어떻게 지내세요? 는 p.30의 ¿Cómo está 꼬모 에스따 ?... 잘 지내십니까? 에 해당하는
표현을 쓰는게 일반적이다.

● 좋은 소식 있나요?

¿Tiene una buena noticia?

띠에네　　우나　　부에나　　노띠씨아

····▶ 네, 하지만 비밀입니다.

Sí, pero es un secreto.

씨　　빼로　　에스 운　　세끄레또

아니오, 아무 일도 없습니다.

No, no tengo nada.

노　　노　　떼고　　　나다

● **주말/연휴** 어떻게 보내셨습니까?

¿Cómo fue el fin de semana?
꼬모　　　푸에 엘 핀 데 세마나

¿Cómo pasó los días festivos?
꼬모　　　빠소　　로스　디아스　페스티보스

● 컨디션은 어떠세요? (= 건강하십니까?)　전체적으로 컨디션이 좋은지 묻는 의미

¿Cómo está?
꼬모　　　　에스따

¿Está bien? 직역 : 괜찮으세요?
에스따　　비엔

● **오늘**은 좀 괜찮으십니까? (= 오늘은 좀 좋아지셨나요?)

¿Está mejor hoy?
에스따　　메호르　　오이

　　▸ **네**, 좋습니다.

Sí, muy bien.
씨　　무이　　비엔

● **건강**이 가장 중요합니다. (= 건강이 우선이지요.)

La salud es lo primero.
라　　살룻　　에스 로 쁘리메로

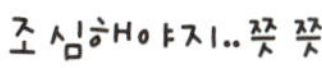

④ 오랫만에 만났을 때

스페인 사람들은 오랜만에 만난 사람에게 반가운 표정을 지으며 ¡Cuánto tiempo! 꽌또 띠엠뽀
¿Todo bien? 또도 비엔 이라고 인사한다.

✻ **오랜만입니다.**

¡Cuánto tiempo sin verle!
　꽌또　　　　띠엠뽀　　　씬　　　베르레

● 오랜만이야! = 이게 얼마만이야!

¡Cuánto tiempo!
　꽌또　　　　띠엠뽀

¡Cuánto tiempo sin verte!
　꽌또　　　　띠엠뽀　　　씬　　　베르떼

● 별일 없으세요? = 잘 지내세요?　일상생활 속에서 인사 대신 자주 사용하는 표현이다.

¿Todo bien?
　또도　　　비엔

● 여행은 어땠습니까?

¿Cómo fue el viaje?
　꼬모　　　　푸에　엘　비아헤

¿Qué tal fue el viaje?
　께　　딸　푸에　엘　비아헤

● 어떻게 지내셨습니까?

¿Cómo pasó su vida?
　꼬모　　　빠소　　수　비다

- **다시** 만나서 반갑습니다.

  Me alegro de volver a verle.
  메 알레그로 데 볼베르 아 베를레

  * volver a + 동사원형 다시~하다
  볼베르 아

- **더** 젊어지셨네요.

  Está más joven.
  에스따 마스 호벤

- **오랫동안** 연락못해서 죄송합니다.

  Perdone por no haber contactado con usted durante mucho tiempo.
  빼르도네 뽀르 노 아베르 꼰딱따도 꼰 우스뗄 두란떼 무쵸 띠엠뽀

- 그동안 보고 싶었습니다. = 그리웠습니다.

  Te he echado de menos.
  떼 에 에차도 데 메노스

  * echado de menos 그리워하다
  에차도 데 메노스
  원 echar 에차르 동사

- 그동안 많이 바쁘셨나봐요.

  ¿Estaba ocupado(a)?
  에스따바 오꾸빠도 다

Tip 남성에게 물을 때에는 o 오 로, 여성에게는 a 아 로 끝을 맺어 성을 구분한다.

● 죄송합니다만, 이름이 생각이 안나네요.

Perdón, pero no recuerdo su nombre.

뻬르돈　　　뻬로　노　레꾸에르도　　수　놈브레

● 못 본 지 벌써 1년이 되었군요.

Ya se pasó un año sin verle.

야/쟈 세 빠소　운　아뇨　씬　베를레

년도			
★ 1년	un(uno)año 운(우노) 아뇨	★ 6년	seis años 쎄이스 아뇨스
★ 2년	dos años 도스 아뇨스	★ 7년	siete años 씨에떼 아뇨스
★ 3년	tres años 뜨레스 아뇨스	★ 8년	ocho años 오쵸 아뇨스
★ 4년	cuatro años 꽈뜨로 아뇨스	★ 9년	nueve años 누에베 아뇨스
★ 5년	cinco años 씽꼬 아뇨스	★ 10년	diez años 디에스 아뇨스
		★ 몇 년	unos años 우노스 아뇨스

● 세월이 참 빠르네요.

¡Cómo pasa el tiempo!

꼬모　　　빠사　엘　띠엠뽀

* pasa el tiempo 시간이 흐르다
　빠사　엘　띠엠뽀

❋ 가족들은 **안녕하십니까?**
¿Está bien su familia?
에스따　비엔　수　파밀리아

● **모두들** 어떻게 지내십니까?
¿Cómo están todos?
꼬모　에스딴　또도스

● **팀원들**은 모두 잘 지내십니까?
¿Están bien los miembros (del equipo)?
에스딴　비엔　로스 미엠브로스　델　에끼뽀

● **김과장 부부**는 어떻게 지내나요?
¿Cómo está la pareja Kim?
꼬모　에스따 라 빠레하　김

● **부모님**은 평안하신가요?
¿Están bien sus padres?
에스딴　비엔　수스　빠드레스

● 당신의 **어머니**는 어떻습니까?
¿Cómo está su madre?
꼬모　에스따 수 마드레

- 아버님은 어떻게 지내십니까? **su**는 소유형용사로서 당신의 라는 의미를 갖는다.

¿Cómo está su padre?

꼬모　에스따　수　빠드레

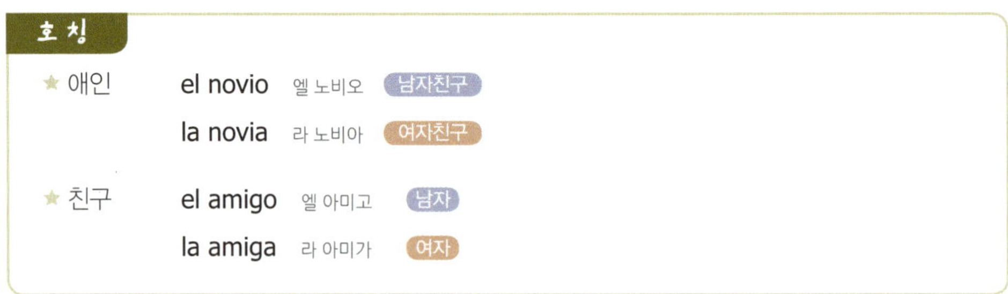

- 아이들도 건강히 잘 자라고 있나요?

¿Están bien sus niños?

에스딴　비엔　수스　니뇨스

여러가지 존칭 표현

señor 쎄뇨르 남자의 이름이나 직함에 붙여서 ~님, ~씨을 표시하며 직접 마주보며 부를 때는 정관사 el 엘 을 생략한다. señora 쎄뇨라, señorita 쎄뇨리따도 마찬가지로 la라 를 생략한다.

★ ~~el~~ + señor = ~님, 씨
생략   쎄뇨르

señor   남자에 대한 경칭, 약어는 Sr.
쎄뇨르

예 》 김선생님(지칭할때)은 스페인어를 가르치신다.
El señor Kim enseña español.
엘 쎄뇨르 김   엔세냐   에스빠뇰

마누엘씨(직접 마주 보며 부를때), 안녕하세요.
Buenos días, señor Manual.
부에노스   디아스 쎄뇨르 마누엘

★ ~~la~~ + señora = ~부인
생략   쎄뇨라

señora   기혼여성에 대한 경칭, 약어는 Sra.
쎄뇨라

★ ~~la~~ + señorita = 아가씨
쎄뇨리따

señorita   미혼여성에 대한 경칭, 약어는 Srta.
쎄뇨리따

★ ~~la~~ + usted = 당신

★ ustedes = 당신들

usted   약어로는 Ud. 혹은 vd.로 쓴다.
우스뗄

ustedes   약어로는 Uds. 혹은 vds.로 쓴다.
우스떼데스

⑥ 안부 전해 달라고 청하기

✳ **부모님**께 안부를 전해주십시오.

Les mando saludos a sus **padres**.

레스　만도　살루도스　아 수스　빠드레스

● **이모님**이 당신께 안부를 전했습니다.

La tía le mandó saludos a usted.

라　띠아 레 만도　살루도스　아 우스뗃

● **제 남편**이 당신께 안부를 전했습니다.

Mi marido le mandó un saludo a usted.

미　마리도　레 만도　운 살루도　아 우스뗃

✳ ～에게 안부를 전하다

mandar un saludo(saludos) a ~ .

만다르　운 살루도　살루도스　아

　Mandar 만다르 동사를 주어에 맞게 변형해서 사용

예 ～에게 안부를 전해 주십시오

Le mando un saludo.　레 만도 운 살루도

Mándele muchos saludos.　만델레 무쵸스 살루도스

● 그/그녀가 **요즘** 어떻게 지내고 있는지 알고 있나요?

¿Sabe cómo está él /ella **estos días**?

사베　꼬모　에스따 엘 에야 에스또스 디아스

* **él** 엘 그

* **ella** 에야 그녀

Tip 여기서는 **ella** 를 에야 로 통일하겠다.

⋯▸ 그/그녀 는 건강하게 잘 지냅니다.

Él / Ella está bien.

엘　에야　에스따 비엔

● **빠울라에 대한 소식을 들었습니까?**

¿Tiene noticia de Paula?

띠에네　노띠시아　데　빠울라

⋯▸ 1년 전부터 그녀(그) **와 소식이 끊겼어요.**

No estoy contacto con ella / (él) desde hace un año.

노　에스또이 꼰딱또　꼰 에야　(엘) 데스데 아쎄 운 아뇨

Tip **Paula** 빠울라 는 여자이름, **Paulo** 빠울로 는 남자이름을 뜻한다.

가족

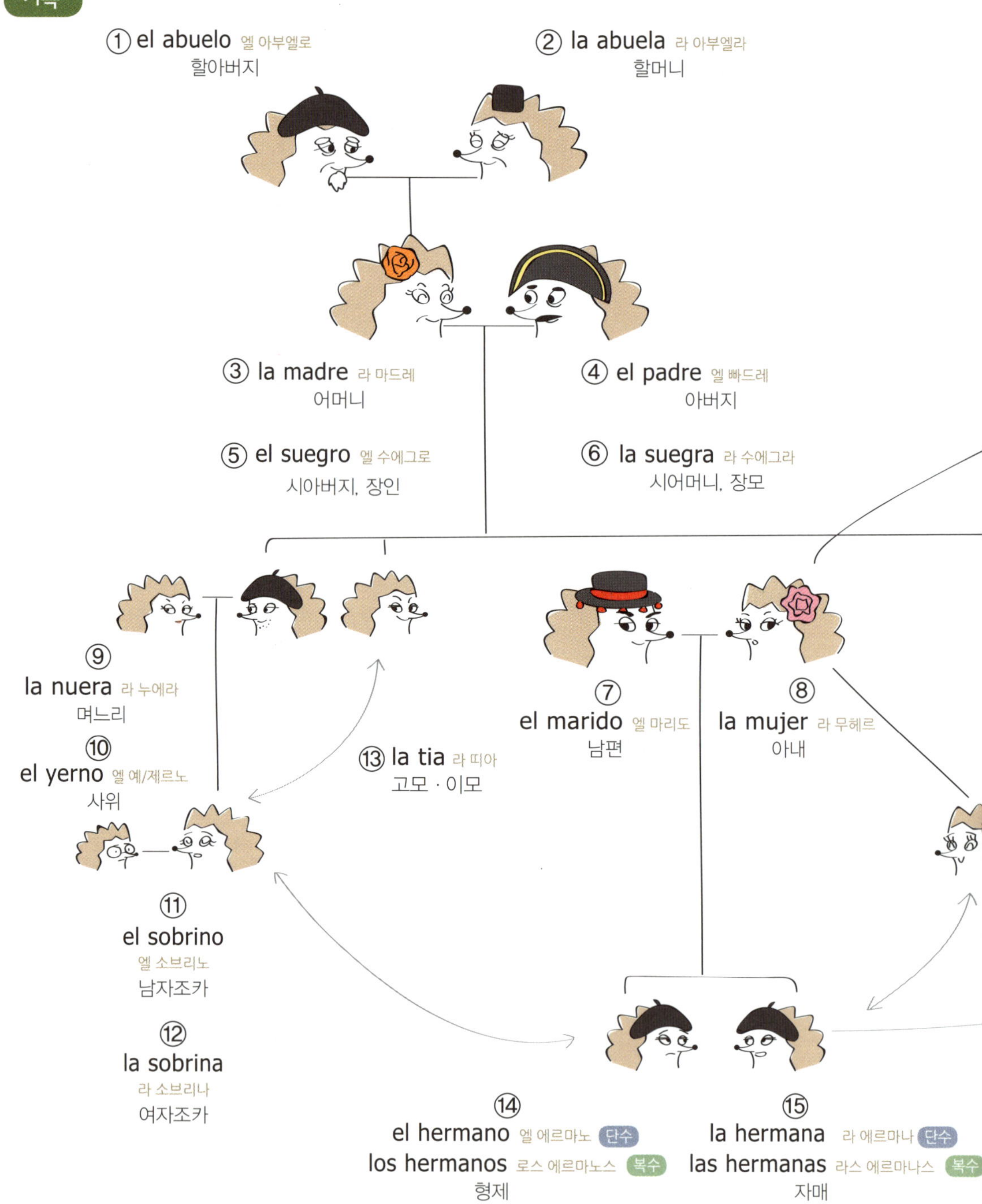

사촌대명사 인칭명사 + primo 쁘리모

㉘ el primo 엘 쁘리모 남자사촌

㉙ la prima 라 쁘리마 여자사촌

㉚ los niños 로스 니뇨스 남자아이들

㉛ las niñas 라스 니냐스 여자아이들

*사촌언니, 사촌오빠, 사촌누나, 사촌형의 개념은 없이
그냥 통칭으로 성별만 구별한다.

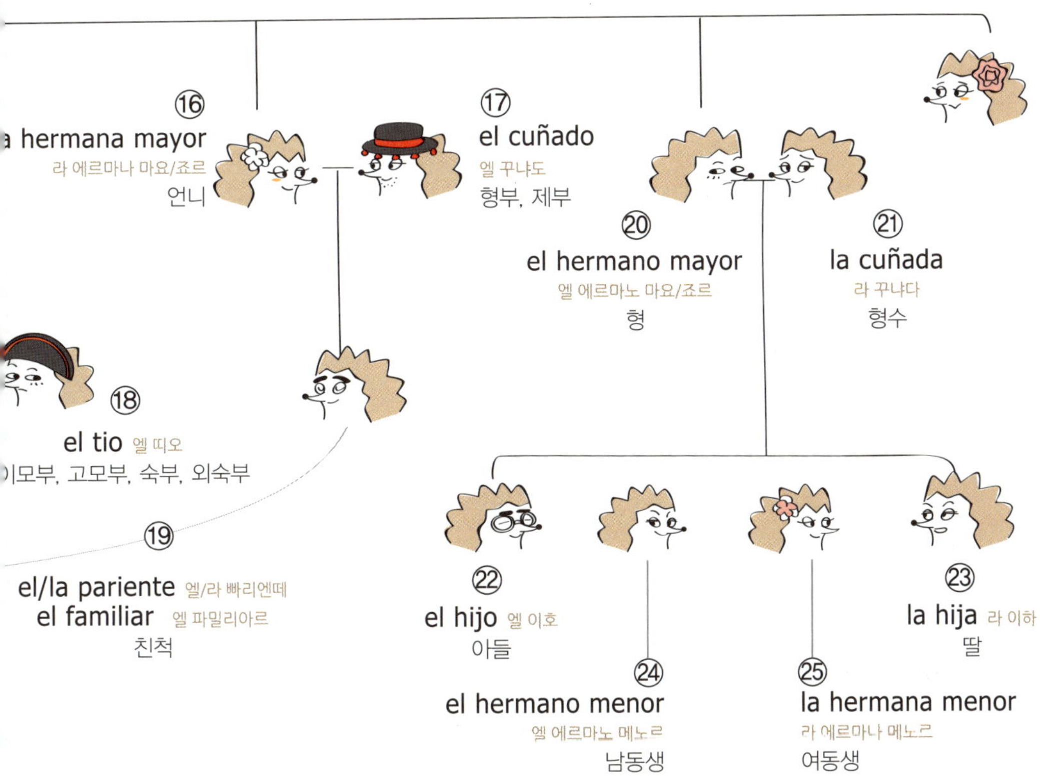

⑦ 우연히 만났을 때

스페인어권 사람들은 우연히 만났을 때 크게 반가워하며 무엇을 하고 지내는지 관심을 보이면 고마워한다.
그래서 잘 모르는 사람이라도 면식이 있으면 길에서 말을 걸면 호감의 표현이다.

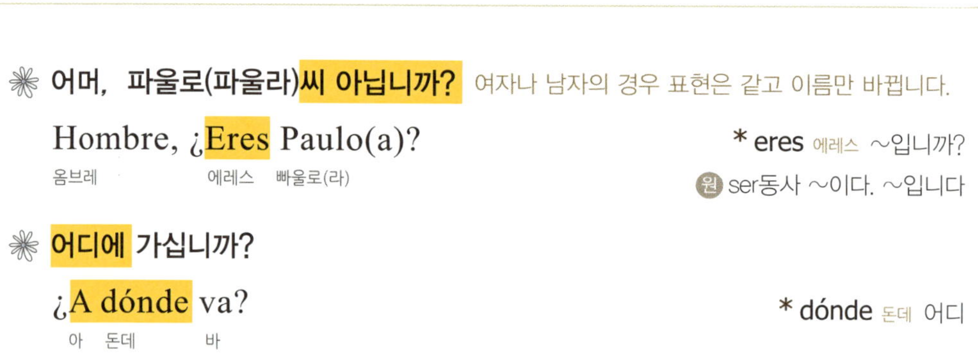

✳ 어머, 파울로(파울라)씨 아닙니까? 여자나 남자의 경우 표현은 같고 이름만 바뀝니다.

Hombre, ¿Eres Paulo(a)?
옴브레　　　　　에레스　빠울로(라)

* eres 에레스 ～입니까?
원 ser동사 ～이다. ～입니다

✳ 어디에 가십니까?

¿A dónde va?
아　돈데　　바

* dónde 돈데 어디

● 어머, 이게 누구야!

Hombre, ¡Quién eres!
옴브레　　　　끼엔　　　에레스

Tip 의문사를 읽을 때에는 강세에 주의한다!

● 여보세요, 혹시 김여사 아닙니까?

Oiga, ¿Usted no es la señora Kim?
오이가　　　우스뗀　노　에스 라　세뇨라　　　김

Tip Perdón 빼르돈 실례합니다 라고도 할 수 있지만, Oiga 오이가 도 많이 사용한다.
여보세요, 이봐요, 저기요 라는 뜻이다.

● 여기는 어쩐일이세요?

¿Por qué está aquí?
뽀르　께　　에스따 아끼

● 무슨 일로 여기에 오셨나요?

¿Para qué ha venido?

빠라　께　아　베니도

● 여기서 만나다니 너무 뜻밖입니다.(여기서 만나리라곤 전혀 생각못했습니다.)

No pensaba verle aquí.

노　뻰사바　베를레　아끼

● 요즘 자주 만나는군요.

Estos días le veo muchas veces.

에스또스　디아스　레 베오　무챠스　베쎄스

● 출근/퇴근 하세요?

¿Va al / Vuelve del trabajo?

바　알　부엘베　델　뜨라바호

* trabajo 뜨라바호 일, 직장

* Va 바 가다 원 ir 동사

* Vuelve 부엘베 돌아가다 원 volver 동사

● 저를 기억하세요?

¿Me recuerda?

메　레꾸에르다

● 낯이 익은 얼굴인데요.　직역 : 전에 본것 같습니다.

Creo que le he visto antes.

끄레오　께　레 에　비스또　안떼스

● 실례했습니다. 다른 사람과 착각했습니다.

Perdón, me he equivocado.

빼르돈　메　에　에끼보까도

* he equivocado 착각했습니다. 실수했습니다

에　에끼보까도

2. 헤어질 때 인사

① 헤어질 때의 일상적인 인사

상황에 따라 사용되는 인사 표현은 매우 다양하다. 가장 많이 쓰이는 표현은 Adiós 아디오스 **안녕**, Hasta luego.
아스따 루에고 **다음에 또 봐.** 이다.

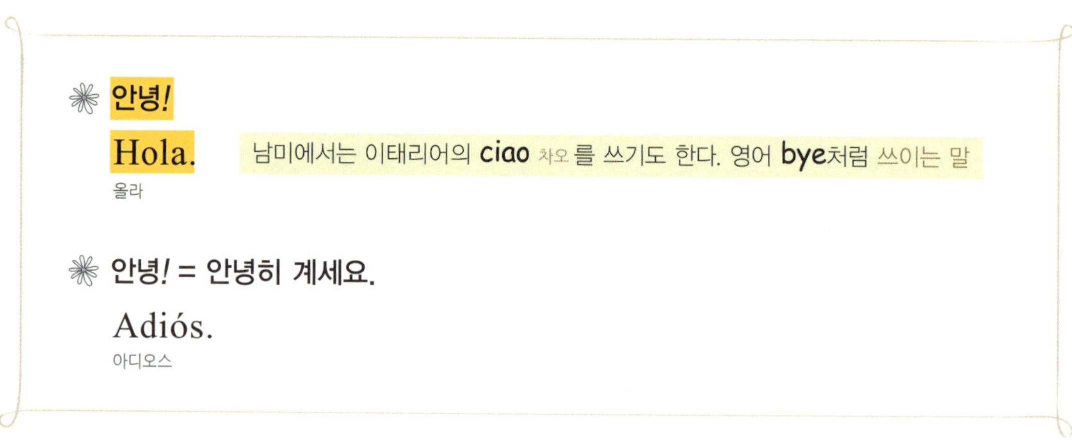

❋ **안녕!**

Hola.
올라

남미에서는 이태리어의 **ciao** 차오 를 쓰기도 한다. 영어 **bye**처럼 쓰이는 말

❋ **안녕!** = **안녕히 계세요.**

Adiós.
아디오스

- 또 봅시다.

  ¡Hasta luego! = ¡Nos vemos!
  아스따   루에고   노스   베모스

- **내일** 만나요.

  ¡Hasta mañana!
  아스따   마냐나

- **나중에** 또 봐요.

  ¡Hasta la vista! = ¡Hasta luego!
  아스따 라 비스따   아스따   루에고

- **주말에** 만나요.

  ¡Hasta el fin de semana!
  아스따   엘 핀 데 세마나

- 즐거운 **하루/주말** 보내세요.

  ¡Qué tenga un buen día/ fin de semana!
  께   뗑가   운 부엔   디아 핀 데 세마나

- 그럼, 거기서 보자.

  Entonces, quedamos allí.
  엔똔쎄스　　　　　께다모스　　　　아이/지

- 좋습니다, 그럼 그때 만나요.

  Bueno, nos vemos.
  부에노　　　노스　　베모스

- 건강하세요 = 살펴 가십시오 = 조심해서 가세요.

  Cuídese.
  꾸이데쎄

- 좋은 시간 보내세요.

  ¡Qué tenga un buen tiempo!
  께　　떙가　　운　부엔　　띠엠뽀

- 조심해서 다녀 오세요.

  Cuídese mucho.
  꾸이데쎄　　　무쵸

  * cuídese 꾸이데쎄　조심하세요

- 즐거운 여행되시길 바랍니다.

  ¡Buen viaje!
  부엔　　비아헤

  * buen 부엔　좋은

- 보고 싶을거예요.

  Le echaré de menos.
  레　에차레　　데　메노스

- 다시 만날 수 있기를 바랍니다.

  Espero volver a verle.
  에스뻬로　　볼베르　아　베를레

② 먼저 돌아가야 할 때

먼저 돌아가야 할 상황에서는 보통 Bueno, entonces.. 부에노, 엔똔쎄스 **좋아, 그럼...**을 붙여 화제를 전환한다.

 **먼저** 가봐야 할 것 같습니다.

Debo ir yo **primero**.

데보　　　이르 요/죠　쁘리메로

● 이제 슬슬 **가봐야겠네요.**

Pues yo creo que debo irme.

뿌에스　요/죠 끄레오　께　데보　　이르메

> **Tip** pues 뿌에스 는 음..저..와 같은 약간의 머뭇거림을 표현할 수 있다.

● 돌아가야 할 시간이군요.

Es hora de volver a casa.

에스 오라　　데　볼베르　　아 까사

● **너무** 늦은 것 같습니다.

Creo que es muy tarde.

끄레오　께　에스 무이　따르데

● 떠나려고 하니 **아쉽네요.**

Siento que debo irme.

씨엔또　께　데보　이르메

● 좋은 시간 이었습니다.　직역 : 기쁜 시간이였습니다.

Ha sido un placer.

아　씨도　운　쁘라쎄르

* el placer 엘 쁘라쎄르 기쁨

● 당신을 알게 되어 기뻤습니다.

Me alegro de haberle conocido.
메 알레그로 데 아베를레 꼬노씨도

● 오늘밤 이야기, 즐거웠습니다.

Esta noche **he disfrutado** mucho hablar con usted.
에스따 노체 에 디스프루따도 무쵸 아블라르 꼰 우스뗃

● 이제 우리는 집으로 돌아가야 합니다.

Tenemos que volver a casa.
떼네모스 께 볼베르 아 까사

* a casa 아 까사 집으로

● 그럼, 다음에 뵙겠습니다. 안녕히 계십시오.

Bueno, **nos vemos**. ¡Adiós!
부에노 노스 베모스 아디오스

● 몸 건강히 안녕히 계십시오.

Cuídese mucho, adiós.
꾸이데세 무쵸 아디오스

● 여기서 작별인사를 하겠습니다.

Nos despedimos **aquí**.
노스 데스뻬디모스 아끼

● 초대해 주셔서 감사합니다.

Gracias **por** la invitación.
그라시아스 뽀르 라 인비따씨온

* Gracias por 그라시아스 뽀르 ~해서 감사합니다

● 나중에 저희 집으로 초대하고 싶습니다.

Me gustaría invitarle a mi casa un día.

메 구스따리아 인비따를레 아 미 까사 운 디아

● 벌써 10시네요. 시간가는 줄 몰랐습니다.

Ya son las diez. No sabía cómo pasaron las horas.

야/쟈 손 라스 디에스. 노 사비아 꼬모 빠사론 라스 오라스

Tip 일반적으로 ~시(時) 라고 말할때 **hora** 오라 시는 빼는 것이 일반적이다.

● 죄송합니다만, 정말 가봐야겠습니다.

Disculpe, pero debo irme de verdad.

디스꿀뻬 뻬로 데보 이르메 데 베르닫

● 열시까지 집에 도착할 수 있습니다.

Puedo llegar a casa hasta las diez.

뿌에도 예/제가르 아 까사 아스따 라스 디에스

<table>
<tr><td colspan="2">시간</td></tr>
<tr><td>★ 1시 una hora 우나 오라</td><td>★ 8시 ocho horas 오쵸 오라스</td></tr>
<tr><td>★ 2시 dos horas 도스 오라스</td><td>★ 9시 nueve horas 누에베 오라스</td></tr>
<tr><td>★ 3시 tres horas 뜨레스 오라스</td><td>★ 10시 diez horas 디에스 오라스</td></tr>
<tr><td>★ 4시 cuatro horas 꽈뜨로 오라스</td><td>★ 11시 once horas 온쎄 오라스</td></tr>
<tr><td>★ 5시 cinco horas 씽꼬 오라스</td><td>★ 12시 doce horas 도쎄 오라스</td></tr>
<tr><td>★ 6시 seis horas 쎄이스 오라스</td><td>오전에 por la mañana 뽀를 라 마냐나</td></tr>
<tr><td>★ 7시 siete horas 씨에떼 오라스</td><td>오후에 por la tarde 뽀를 라 따르데</td></tr>
</table>

✳ **잘 가세요.** 안녕히 가세요. (혹은 안녕)

Adiós.
아디오스

✳ **살펴 가세요.**(조심히 가세요.)

Cuídese mucho, adiós.
꾸이데쎄　　　무쵸　　　　아디오스

Vaya con Dios. 바야/쟈 꼰 디오스　신과 함께 가세요.라는 말로 조심히 가라.는 표현이다.

● **지금** 가시려고요?

¿**Ahora** se va?
아오라　　　세　바

● **좀** 더 놀다(머무르다) 가세요.

Quédese **un poco** más.
께데쎄　　　운　뽀꼬　마쓰

* más 마쓰 더

● 오늘 **재미있으셨나요?**

¿**Fue divertido** hoy?
푸에　디베르띠도　　오이

● **오늘 저녁** 정말 즐거웠습니다.= 오늘밤은 정말 재미있었습니다.

Esta noche la pasé de maravilla.
에스따　노체　　라 빠세　데 마라비야/쟈

예 》 **아침식사** 너무 좋았습니다.

Fue un desayuno muy bueno. 푸에 운 데사유/쥬노 무이 부에노

점심식사 너무 좋았습니다.

Fue un almuerzo muy bueno. 푸에 운 알무에르소 무이 부에노

저녁식사 너무 좋았습니다.

Fue una cena muy buena. 푸에 우나 쎄나 무이 부에나

같이 저녁먹어요.

Vamos a cenar. 바모스 아 쎄나르

● 제가 **버스정거장/기차역** 까지 모셔다 드릴게요.

Le llevo hasta la estación del autobús.
레 예보 아스따 라 에스따씨온 델 아우또부스

Le llevo a la estación del tren.
레 예/제보 알 라 에스따씨온 델 뜨렌

hasta 아스따 와 la 라 는 원래 차이가 있는 전치사지만, 여기서 쓰인 의미는 동일하다.

● **와 주셔서** 참 즐겁고 **좋았습니다.**

Me gustó que viniera porque fue muy divertido.
메 구스또 께 비니에라 뽀르께 푸에 무이 디베르띠도

● **조만간** 또 한 번 만납시다.

Nos vemos pronto.
노스 베모스 쁘론또

- **다시** 만날 수 있을**까요**?

¿Podemos volver a vernos?
뽀데모스　　　볼베르　　아　베르노스

- 제가 댁으로 찾아뵙겠습니다

Le visitaré en casa.
레　비시따레　　엔　까사

- 그럼, **여기서** 헤어집시다.

Pues, nos despedimos aquí.
뿌에스　　노스　데스뻬디모스　　아끼

- **종종** 놀러 오세요.　직역 : 종종 방문하세요.

Visiteme de vez en cuando.
비지떼메　　데　베스　엔　꽌도

Tip　다시 방문해 주길 바란다는 여러 가지 표현 – **또 오세요.**　Vuelva a visitar.
부엘바　　아　비시따르

- 조만간 놀러오세요!　직역 : 다시 놀러오세요!

¡Volvamos a divertirnos!
볼바모스　　아　디베르띠르노스

④ 헤어지면서 연락을 청할 때

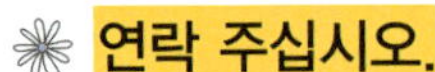

✳ **연락 주십시오.**

Llámeme.
야/쟈메메

✳ **메일** 보내세요.

Mándeme **un correo.**
만데메　　　운　꼬레오

● **페이스북**은 하시나요?　직역 : 페이스북을 가지고 있나요?

¿Tiene Facebook?
띠에네　　페이스북

* tiene 띠에네 가지고 있다
원 Tener 떼네르

> 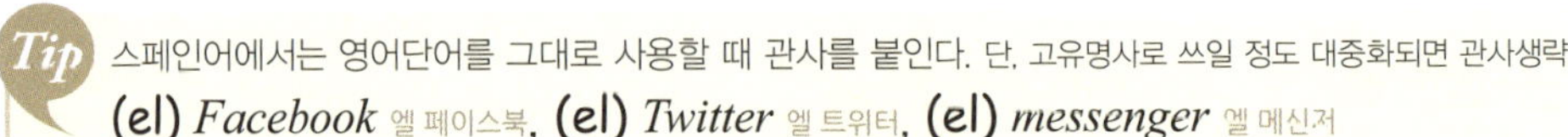
> **Tip** 스페인어에서는 영어단어를 그대로 사용할 때 관사를 붙인다. 단, 고유명사로 쓰일 정도 대중화되면 관사생략.
> (el) *Facebook* 엘 페이스북, (el) *Twitter* 엘 트위터, (el) *messenger* 엘 메신저

● **이것이** 제 이메일 주소입니다. .

Este es mi correo electrónico.
에스떼　에스　미　꼬레오　　　엘렉뜨로니꼬.

Este es mi *e-mail*.
에스떼　에스　미　이-메일

> 
> **Tip** 스페인어로 이메일은 **el correo electrónico**이지만, 영어인 *e-mail*도 많이 사용한다.

● 이메일 주소를 **적어주세요.**

Escriba su e-mail.
에스끄리바　　수　이 메일

- 이것이 제 전화번호입니다. 강세부분은 좀 더 힘을 줘서 발음한다.

Este es mi número de teléfono.
에스떼   에스 미   누메로   데 뗄레포노

Tip 핸드폰은 **el teléfono móvil** 엘 뗄레포노 모빌 이라고 하지만, 그냥 **móvil** 모빌 혹은 **celular** 쎌룰라르 라고 흔히 사용한다.

그러나 회사 등이 아닌 개인적으로 누군가의 전화번호에 대해 얘기할 때에는 굳이 **móvil** 모빌 이라고 하지 않아도 핸드폰 번호임을 알 수 있으며, 그저 **번호 número** 누메로로만 얘기하는 경우도 많다.

- (가끔) 연락하세요.

(A veces) llámeme.
아   베쎄스   야/쟈메메

- 가끔 전화주세요.

Llámeme de vez en cuando.
야/쟈메메   데 베스 엔 꽌도

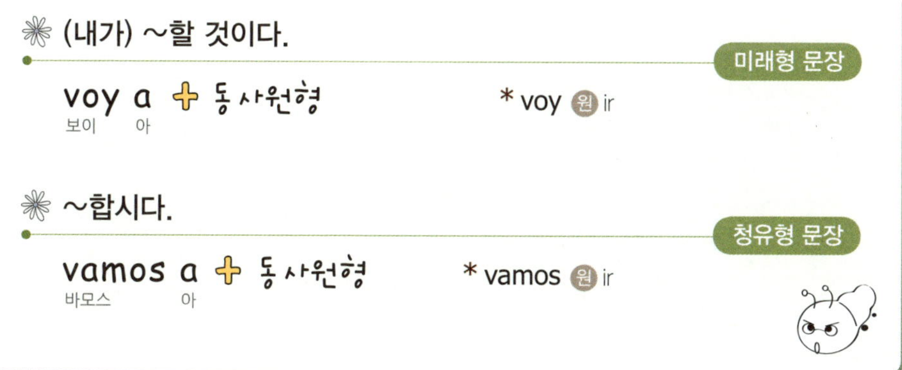

- 언제든지 전화하세요.

Llámeme cuando quiera.
야/쟈메메   꽌도   끼에라

* **cuando quiera** 언제든지 당신이 원할때
꽌도   끼에라

연락처는 전화번호 혹은 이메일을 말한다.
우리나라에서 **연락처**의 본래 뜻은 **연락을 하기 위하여 정해 둔 곳**이지만 일반적으로 **전화번호를 의미**하는 것과 비슷한 맥락이다.
참고로 스페인어 회화에서 따로 **연락처**라는 단어는 쓰이지 않는다.

● 도착하면 저한테 전화 주십시오.

Llámeme cuando llegue.
야/쟈메메　　　꽌도　　　예/계계

* llámeme por teléfocno　전화하다
야/쟈메메　뽀르　뗄레포노

원 llamar 야마르

● 메일로 사진 보내주세요.

Mándeme (si puede) la foto por correo electrónico.
만데메　　　　씨 뿌에데　　　라　포토　뽀르　꼬레오　　엘렉뜨로니꼬

si puede 씨 뿌에데 는 **그러실 수 있다면**이라는 표현으로 **명령문을 사용**하면서 더욱 **정중함을 표**하고 싶을 때 사용한다.

✳ **연락드릴게요.**

voy a llamar
보이　　아　야/쟈마르

예 **종종 연락드리겠습니다.**
Le **voy a llamar** a usted de vez en cuando.
레　보이 아 야/쟈마르 아 우스뗄 데 베스 엔 꽌도

계속 연락하고 지냅시다.
Seguimos en contacto.
세귀모스　　엔　꼰딱또

3. 축하와 기원

① 축하 표현

❋ **축하해요!**

¡Felicidades!　　=　　¡Enhorabuena!
펠리씨다데스　　　　　　　엔오라부에나

enhorabuena 는 잘 오셨어요! 등 다른 의미로 사용될 때도 있다.

❋ 진심으로 **축하드립니다.**

Le **felicito** de verdad. = Le doy mil felicitaciones.
레　펠리씨또　데　베르닫　　　레　도이　밀　펠리씨따씨오네스

● 두분이 **행복하시길 빕니다.**

Espero que los dos estén felices.
에스뻬로　께　로스　도스　에스뗀　펠리쎄스

> **Tip** ~을 **축하한다**는 동사는 felicitar 펠리씨따르이다. 이 단어는 주어에 따라 6가지 형태로 변화하며 원형은 쓰이지 않는다.
>
> 회화에서 **축하한다** 는 표현은 명사로 felicitaciones 펠리씨따시오네스 felicidades 펠리씨다 데스로 쓰인다. 명사로 쓰였다고 해서 **축하!** 가 아니라 우리말로는 **축하합니다** 이다.

❋ ~을 축하한다.

Felicitaciones　　　por ✛ 축하할 일
펠리씨따시오네스　　　뽀르

● 승진을 축하합니다. = (스페인 뉘앙스) **승진**하게 되어서 축하합니다.

Felicitaciones por la promoción.
펠리씨따시오네스　　　뽀르　라　쁘로모씨온

★ 생일	el cumpleaños 엘 꿈쁠레아뇨스		★ 졸업	la graduación 라 그라두아씨온	
★ 결혼	el matrimonio 엘 마뜨리모니오		★ 입사	la entrada en la empresa 라 엔뜨라다 엔 라 엠쁘레사	
★ 약혼	el compromiso matrimonial 엘 꼼쁘로미소 마뜨리모니알		★ 취직	la consecución de empleo 라 꼰세꾸시온 데 엠쁠레오	
★ 출생	el nacimiento 엘 나씨미엔또			el conseguir empleo 엘 꼰세기르 엠쁠레오	
★ 성공	el éxito 엘 엑시또		★ 창사기념일	el aniversario de la firma 엘 아니베르사리오 데 라 피르마	
★ 합격	la aprobación 라 아쁘로바씨온		★ 논문통과	la aprobación de la tesis 라 아쁘로바씨온 데 라 떼시스	
★ 입학	el ingreso a la escuela 엘 인그레소 아 라 에스꾸엘라				

● **대학** 진학을 축하합니다.

Le doy la enhorabuena por su ingreso a la universidad.

레 도이 라 엔오라부에나 뽀르 수 인그레소 아 라 우니베르시닫

★ 초등학교	la escuela primaria 라 에스꾸엘라 쁘리마리아	
★ 중학교	la escuela secundaria 라 에스꾸엘라 세꾼다리아	
★ 고등학교	el colegio 엘 꼴레히오	el bachillerato 엘 바치예/제라또
★ 대학교	la universidad 라 우니베르시닫	
★ 2·3년제 대학교	la escuela universitaria 라 에스꾸엘라 우니베르시따리아	
★ 대학원	la escuela de postgrado 라 에스꾸엘라 데 뽀스그라도 la escuela superior 라 에스꾸엘라 수뻬리오르	

● 부인이 임신하셨다면서요? 축하합니다.

Su mujer está embarazada, ¿Verdad? ¡Felicidades !
수　무헤르　에스따　엠바라사다　　　베르닫　　　펠리씨다데스

※ **그렇죠? 정말인가요?**

¿verdad?
베르닫

부가의문문

● 아주 기쁘시겠어요!

¡Qué bien!
께　　비엔

● 우리의 승리를 축하합시다.

Vamos a celebrar nuestra victoria.
바모스　　아　쎌레브라르　　누에스뜨라　　빅또리아

● 잘했다! 네가 해냈구나.

Felicidades, lo has conseguido.
펠리씨다데스　　　로　아스　꼰세기도

※ **새해** 복 많이 받으십시오.

¡Feliz **Año Nuevo**!
펠리스　아뇨　누에보

= Próspero Año Nuevo.
쁘로스뻬로　아뇨　누에보

= Le deseo feliz Año Nuevo.
레　데세오　펠리스　아뇨　누에보

● 더 나은 해가 되**길 바랍니다.**

Le deseo lo mejor para este Año Nuevo.
레　데세오　로　메호르　빠라　에스떼　아뇨　누에보

● 올해에도 **행복하고 건강하시길.**

Le deseo mucha felicidad y salud en este Año Nuevo.
레　데세오　무챠　펠리씨닫　이　살룯　엔　에스떼　아뇨　누에보

* felicidad 펠리씨닫 행복

* salud 살룯 건강

● 새해에는 원하시는 모든 것을 이루시길 바랍니다.

Espero que consiga todo lo que quiera en el Año Nuevo.
에스뻬로　께　꼰시가　또도　로　께　끼에라　엔　엘　아뇨　누에보

● **메리크리스마스!**

¡Feliz Navidad!
펠리스　나비닫

● 즐거운 **크리스마스** 보내십시오. 직역 : 행복한 크리스마스가 되기를 기원합니다.

Le deseo una feliz navidad.
레　데세오　우나　펠리스　나비닫

La Culture  스페인의 **공휴일**

공휴일은 지역에 따라 기념일이 다르고, 중남미의 경우 각 국가별로 독립기념일이 다르다.
하지만 스페인어 문화권은 가톨릭 신자가 많기 때문에 가톨릭 기념일은 거의 모든 국가의 기념일
이라고 할 수 있다.

스페인 주요 공휴일

- ☆ 12월 31일   La Noche Vieja   라 노체 비에하
- ☆ 1월 1일   El Año Nuevo   엘 아뇨 누에보 **새해**
- ☆ 1월 6일   Los Reyes Magos   로스 레예스 마고스 **주현절 (동방박사 오시는 날)**
- ☆ 3월 말~4월 초   La Semana Santa   라 쎄마나 싼타 **부활절 주**
- ☆ 11월   El Día de (Acción de) Gracias   엘 디아 데 악씨온데 그라시아스 **추수감사절**
- ☆ 12월 24일   La Nochebuena   라 노체부에나 **크리스마스 이브**
- ☆ 12월 25일   La Navidad   라 나비닫 **성탄절**

독립기념일 El Día de la Independencia

- ☆ 칠레 Chile   9월 18일
- ☆ 멕시코 México   9월 16일
- ☆ 콜롬비아 Colombia   7월 20일
- ☆ 아르헨티나 Argentina   5월 25일
- ☆ 에콰도르 Ecuador   8월 10일
- ☆ 페루 Perú   7월 28일

에콰도르, 칠레, 멕시코, 베네수엘라, 아르헨티나, 콜롬비아 등의 일부 중남미 국가들이 2010년
독립 200주년을 맞았다.

☆ 멕시코의 특별한 공휴일 El Día de los Muertos   엘 디아 데로스 무에르또스 **망자의 날**

☆ 카톨릭의 성자의 날 El Día de Todos los Santos   엘 디아 데 또도스 로스 싼또스 11/1 ~ 11/2

③ 행운을 기원하는 표현

기원을 나타내는 표현들은 간단한 단어로 구성되어있으며, 헤어지는 인사말로도 사용된다.

❋ **신의 축복이 있기를!** *직역 : 신과 함께 하시길!*

Vaya con Dios.
바야/ 쟈　　꼰　　　디오스

❋ **행운**을 바래요*! =* 행운이 있기를*!* 영어의 Good luck

¡Suerte!　=　¡Qué tenga buena suerte!
수에르떼　　　　　께　　떼가　　부에나　　수에르떼

● **성공**을 빕니다.

Le deseo que tenga mucho éxito.
레　데세오　께　떼가　　무쵸　　엑씨또

● **모든 일**이 잘되기를 바랍니다.

Espero que todo le salga bien.
에스뻬로　께　또도　레　살가　비엔

● **행복**하길 빌겠습니다.

Espero que sea feliz. *직역 : 행복하길 바랍니다.*
에스뻬로　께　쎄아　펠리스

Le deseo mucha felicidad. *직역 : 행복을 기원합니다.*
레　데세오　　무챠　　펠리씨닫

● **좋은** 휴가/여행이 되기를.

¡Qué tenga un buen viaje!
께　떼가　　운　부엔　　비아헤

④ 축하를 받았을 때의 대답

❋ **응, 고마워.**

Sí, gracias.
씨　그라시아스

❋ **감사합니다.**

Gracias.
그라시아스

● **천만에요!**

De nada. / Por nada.
데　나다　뽀르　나다

● **진심으로** 감사합니다.

Le agradezco de verdad.
레　아그라데스꼬　데　베르닫

● 고맙습니다. **운**이 좋았던 것 같습니다.

Gracias. Creo que he tenido suerte.
그라시아스　끄레오　께　에　떼니도　수에르떼

● **너무** 기뻐서 말이 안 나옵니다.

Estoy tan feliz que no sé qué decir.
에스또이　딴　펠리스　께　노　쎄　께　데씨르

* tan A que B 너무 A 해서 B 하다
딴　께

● 고맙습니다. 잊어버린 줄 알았습니다.

Gracias. Pensé que lo había perdido.
그라시아스.　뻰쎄　께　로　아비아　뻬르디도

● **당신도** 즐거운 명절 보내세요.

Usted también que pase un buen día de fiesta.
우스뗄　땀비엔　께　빠세　운　부엔　디아　데　피에스타

* también 땀비엔 또한

현재 사용하는 회화문을 위주로 구성하였다. 또한 간단하고 쉬운 문장들로만 구성하여, 처음 배우는 왕초보들도 누구나 쉽게 따라할 수 있다.

Track 018

스페인에서는 〈당신의 취미가 무엇입니까?〉라는 표현은 거의 쓰이지 않는다. 취미에 대해 묻고 싶으면 〈남은 시간을 어떻게 보내는지〉 묻는 것이 일반적이다.

남는 시간에 뭘 하기를 좋아합니까? 일반적인 표현

A) ¿Qué te gusta hacer en tu tiempo libre?
께　　떼　구스따　아쎄르　엔　뚜　띠엠뽀　리브레

취미가 무엇입니까?

¿Qué te gusta hacer?
께　　떼　구스따　아쎄르

* gusta ～을 좋아하다 **원** gustar
구스따 　　　　　　　　　　　구스따르

* **원** hacer ～을 좋아하다
아쎄르

제 취미는 **춤** 추기입니다.　일반적인 표현

B) Mi pasatiempo es la danza.
미　빠사띠엠뽀　　에스 라　단사

Tip 저의 취미는 ～입니다.　Mi pasatiempo es ～
미　빠사띠엠뽀　　에스

저의 취미는 **인터넷게임**입니다.

Mi pasatiempo son los juegos de internet.
미　빠사띠엠뽀　　에스　로스　후에고스　데　인떼르넷

danza
단사

저는 ~하기를 좋아합니다.

Me gusta ~ + 동사/명사
메　구스따

취미를 묻고 답할 때에도 기호를 묻고 답할 때에도
두루 쓰이는 표현이다.
gustar 구스따르 **~을 좋아하다** 동사는 주어로 간접목적격
인 Me 메 를 쓴다.

① 취미 Track 018

1 책읽기를 좋아하죠.

Me gusta leer los libros.
메 구스따 레르 로스 리브로스

* leer los libros 레르 로스 리브로스 책읽기

2 저는 낚시를 즐겨 합니다.

Me gusta pescar.
메 구스따 뻬스까르

* pescar 뻬스까르 낚시하다

정관사 (정확한 명사 앞에 붙는다.) 단수		복수
남자	el	los
여자	la	las

3 인터넷게임을 하기 좋아합니다. 일반적인 표현

Me gusta jugar en internet.
메 구스따 후가르 엔 인떼르넷

4 저는 인터넷게임을 좋아합니다.

Me gustan los juegos de internet.
메 구스딴 로스 후에고스 데 인떼르넷

5 친구와 수다를 떨다.

Me gusta charlar con los amigos.
메 구스따 챠를라르 꼰 로스 아미고스

듣다	escuchar	에스꾸차르
음악듣다	escuchar la música	에스꾸차르 라 무시까
클래식 음악 듣다	escuchar la música clásica	에스꾸차르 라 무시까 끌라시까
보다	ver	베르
스포츠를 보다	ver deporte	베르 데뽀르떼
연극을 보다	ver el teatro	베르 엘 떼아뜨로
뮤지컬 관람하다	ver el musical	베르 엘 무시깔
TV보다	ver la televisión	베르 라 뗄레비시온
오페라를 보다	ver la ópera	베르 라 오뻬라
영화보다	ver películas	베르 뻴리꿀라스
영화보다	ver las películas	베르 라스 뻴리꿀라스
온라임 게임 하다	hacer el juego en línea	아쎄르 엘 후에고 엔 리네아
페이스북 하다	hacer el Facebook	아쎄르 엘 페이스북
블로그 하다	hacer el blog	아쎄르 엘 블로그
트위터 하다	hacer el twitter	아쎄르 엘 트위터
운동하다	hacer ejercicios	아쎄르 에헤르씨씨오스
운전하다	conducir	꼰두씨르
드라이브 하다	conducir el coche	꼰두씨르 엘 꼬체
인터넷서핑 하다	la navegación por internet	라 나베가씨온 뽀르 인떼르넷

사진 찍다	sacar la foto	사까르 라 포토
쇼핑하다	ir de compras	이르 데 꼼쁘라스
인터넷쇼핑 하다	comprar por internet	꼼쁘라르 뽀르 인떼르넷

읽다	leer	레에르
독서하다	leer los libros	레에르 로스 리브로스
멍때리다	estar ausente	에스따르 아우센떼
춤추다	bailar	바일라르
삼자다	dormir	도르미르
음식 만들다	cocinar	꼬씨나르
채팅하다	chatear	챠떼아르
수다떨다	charlar	챠를라르

당신은 어떤 음식을 좋아합니까?

A) ¿Qué comida le gusta?
께　　　꼬미다　　　레　구스따

* la comida 음식
라 꼬미다

스페인 음식은 **다 좋아 합니다.**

B) A mí me gusta toda la comida española.
아　미　메　　구스따　　또다　　라　꼬미다　　에스빠뇰라

* el plato 요리
레 쁠라또

저는 **모든 종류의** 한국음식 을 좋아합니다

B) A mí me gusta todo tipo de comida coreana.
아　미　메　　구스따　　또도　　띠뽀　데　꼬미다　　꼬레아나

스페인 음식은 다 좋아 합니다.

A mí me gusta toda la comida española.
아　미　메　　구스따　　또다　　라　꼬미다　　에스빠뇰라

각 나라 음식

- 한국음식　　　la comida coreana 라 꼬미다 꼬레아나
- 일본음식　　　la comida japonesa 라 꼬미다 하뽀네사
- 프랑스음식　　el plato francés 엘 쁠라또 프란쎄스
- 스페인음식　　la comida española 라 꼬미다 에스빠뇰라
- 중국음식　　　la comida china 라 꼬미다 치나
- 이탈리아음식　la comida italiana 라 꼬미다 이딸리아나

스페인 음식

스페인 전체를 상징할 만한 음식이 없는 대신, 각 지방을 대표하는 음식들이 있다. 그래서 스페인 음식은 각 지방의 특색을 나타내기도 한다.

스페인 음식의 유일한 공통점은 일반적으로 마늘과 양파, 그리고 올리브유를 많이 사용한다는 점이다.

택시를 **어디서** 타나요?

A) ¿Dónde puedo coger un taxi?
　　돈데　　　뿌에도　　　꼬헤르　　운　　딱시

이곳에서 타세요.

B) Puede cogerlo aquí.
　　뿌에데　　　　꼬헤를로　　　아끼

어디로 가시나요?

A) ¿A dónde quíere ir?
　　아　돈데　　　끼에레　　　이르

이 **주소**로 가주세요.

B) A esta dirección, por favor.
　　아　에스따　　디렉씨온　　　뽀르　　파보르

(지도를 가르키며) **이곳**으로 가 주세요.

Aquí, por favor.
아끼　　　뽀르　파보르

위치와 방향

• 앞	delante de 델란떼 데		• 왼쪽으로	a la izquierda 아 라 이스끼에르다
• 뒤	detrás de 데뜨라스 데		• 오른쪽으로	a la derecha 아 라 데레차
• 위로	encima de 엔씨마 데		• 가운데에	en el centro de 엔 엘 쎈뜨로 데
• 아래로	debajo de 데바호 데		• 사이에	entre (y) 엔뜨레 (이) 영어의 between (and)와 대응되는 표현임.
			• 옆에	al lado de 알 라도 데

~ 으로 가 주세요.

장소 + por favor.
뽀르 퐈보르

택시를 타고난 후, 자신이 가고 싶은 장소를 말해주면 된다.

스페인의 주소는 한국보다 훨씬 찾기가 쉽다.

예전에는 건물 번지가 겹친 경우가 많은데, 요즘은 그렇지 않은
편이며, 특히 호텔의 경우는 주소가 정확하다.
시내도로는 일방통행 도로가 많고 보통 2차선 이상의 차선이다.

1 택시를 불러 주시겠어요?

¿Me puede coger un taxi?
메 뿌에데 꼬헤르 운 딱시

2 역까지 얼마나 나오나요? 숫자로 적어 주세요.

¿Cuánto costará hasta la estación? Escríbalo en números, por favor.
꽌또 꼬스따라 아스따 라 에스따씨온 에스끄리발로 엔 누메로스 뽀르 퐈보르

3 과달라하라 국제공항까지 얼마정도 나오나요?

¿Cuánto costará hasta el aeropuerto internacional de Guadalajara?
꽌또 꼬스따라 아스따 엘 아에로뿌에르또 인떼르나씨오날 데 과달라하라

4 북역까지 얼마나 걸릴까요?

¿Cuánto tiempo tardará en llegar a la estación del Norte?
꽌또 띠엠뽀 따르다라 엔 예/졔가르 아 라 에스따씨온 델 노르떼

방위

• ~의 동쪽에 al este de 알 에스떼 데	• ~의 남쪽에 al sur de 알 수르 데
• ~의 서쪽에 al oeste de 알 오에스떼 데	• ~의 북쪽에 al norte de 알 노르떼 데

✳ **~에서 ~까지** ~에서 ~까지는 거리의 개념과 시간등의 시작과 끝의 개념을 달리 쓴다.

Desde.... hasta... = De.... a...
데스데 아스따 데 아

둘 다 같은 의미로 사용할 수 있으나, 한 쌍으로 쓰임에 유의.

5 서둘러 주세요.

Más rápido, por favor.
마스　라삐도　　뽀르 퐈보르

6 여기서 기다려 주세요.

Espere aquí, por favor.
에스뻬레　아끼　　뽀르 퐈보르

7 여기에서 내릴게요.

Voy a bajar aquí.
보이 아 바하르　아끼

* bajar 바하르 내리다.

위 치	
• 다음 모퉁이	la próxima esquina 라 쁘록시마 에스뀌나
• 빌딩 앞	en frente del edificio 엔 프렌떼 델 에디피씨오
• 다음 신호등	el próximo semáforo 엘 쁘록시모 세마포로

8 얼마인가요?

¿Cuánto es?
꽌또　　에스

9 잔돈은 가지세요.

Quédese con el cambio.
께데세　　꼰　엘 깜비오

10 요금이 미터기와 다르네요.

Creo que es diferente de la tarifa en la máquina.
끄레오 께　에스 디페렌떼　　데 라 따리파 엔 라 마뀌나

아베를 타고 싶은데요···

A) Quería coger el AVE...
께리아　꼬헤르　엘　아베

* AVE 스페인 고속열차
아베

표 파는 곳이 어디입니까?

¿Dónde vende el billete?
돈데　　벤데　　엘　비예/제떼

여기서 팔아요. 일반적인 표현

B) Se vende aquí.
세　벤데　　아끼

성인표 1장 주세요.

A) Un billete para adulto, por favor.
운　비예/제떼　빠라　아둘또　　뽀르　꽈보르

왕복표를 원합니다.

Yo quiero ida y vuelta.
요/조　끼에로　　이다　이　부엘따

* ida 이다 가는 표
* vuelta 부엘따 오는 표

세고비아 기차역

좌석과 표

- 일등석　la primera clase 라 쁘리메라 끌라세
- 이등석　la segunda clase 라 세군다 끌라세
- 침대칸　los asientos de cama 로스 아시엔또스 데 까마
- 어린이표　un billete para niños 운 비예/제떼 빠라 니뇨스
- 성인표　Un billete para adulto 운 비예/계떼 빠라 아둘또

RENFE
렌페
스페인 국철 회사

con destino a Madrid
꼰 데스띠노 아 마드릳
마드리드행

① **los asientos cama**
로스 아시엔또스 까마
침대칸

② **coche-cama** 코체-까마
1/2/4인용 침대차

③ **litera** 리떼라
6인용 간이 침대차

④ **la primera clase** 라 쁘리메라 끌라세
1등석

⑤ **la segunda clase** 라 세군다 끌라세
2등석

⑥ **de pie** 데 삐에
입석

기차표를 예약 하기 위해서...

스페인 기차표는 예매가 필수는 아니지만 예매시 저렴한 경우가 많다. RENFE 렌페 는 스페인 회사명이자 우리나라 무궁화와 같은 국철 이름이다. AVE 아베 는 우리나라의 KTX와 같은 고속열차 이름이다.

② 기차

1 기차표는 어디서 구입하나요?

¿Dónde puedo comprar el billete de tren?
돈데　　뿌에도　꼼쁘라르　엘 비예/계떼 데 뜨렌

2 기차 노선표를 얻을 수 있나요?

¿Dónde puedo coger el mapa del tren?
돈데　　뿌에도　꼬헤르　엘 마빠　　델 뜨렌

3 기차 시간표를 주세요.

El horario del tren, por favor.
엘 오라리오　델　뜨렌　뽀르 퐈보르

4 예약없이 기차를 탈 수 있습니까?

¿Puedo coger el tren sin reservar?
뿌에도　꼬헤르　엘 뜨렌　씬　레세르바르

* reservar 레세르바르 예약하다

5 그라나다행 아베를 예약하고 싶습니다.

Quiero reservar un billete del AVE con destino a Granada.
끼에로　　레세르바르　운 비예/제떼 델　아베 꼰　데스띠노　아 그라나다.

- 마드리드행　con destino a Madrid 꼰 데스띠노 아 마드릳
- 빌바오행　con destino a Bilbao 꼰 데스띠노 아 빌바오
- 바르셀로나행 para Barcelona 빠라 바르셀로나

6 편도/왕복표를 주세요.

Billete de ida / ida y vuelta, por favor.
비예/제떼 데 이다   이다 이 부엘따   뽀르 퐈보르

> ❋ ～ 행 표 주세요.
>
> **Para~, por favor.**
> 빠라   뽀르   퐈보르
>
> 이렇게 말하면 반드시 인원수, 아동은 있는지, 편도인지 왕복인지 등등을
> 역무원이 물어본다.

7 갈아타야 합니까?

¿Dónde debo hacer trasbordo?
돈데   데보   아쎄르   뜨라스보르도

프랑스 기차역

가까운 지하철역이 어디입니까?

A) ¿Dónde hay una estación del metro cerca?
돈데　아이　우나　에스따씨온　델　메뜨로　쎄르까

길건너 저건물 옆에 있어요.

B) Está al lado del edificio, en frente de la calle.　* la calle 라 까예 길, 도로
에스따　알　라도　델　에디피씨오　엔　프렌떼　데　라　까예

이 전철이 **시내에 가나요?**

A) ¿Pasa este metro por el centro(de la ciudad)?
빠사　에스떼　메뜨로　뽀르　엘　센뜨로　델　라　씨우닫

아니요. **반대편에서** 타세요.

B) No, al frente.　* al = a + el
노　알　프렌떼

장소

- 시내　por el centro 뽀르 엘 센뜨로
- 스페인광장　Plaza de España 쁠라사 데 에스빠냐
- 버스정류장　parada 빠라다
- 기차역　estación 에스따씨온
- 지하철역　estación de metro 에스따씨온 데 메뜨로

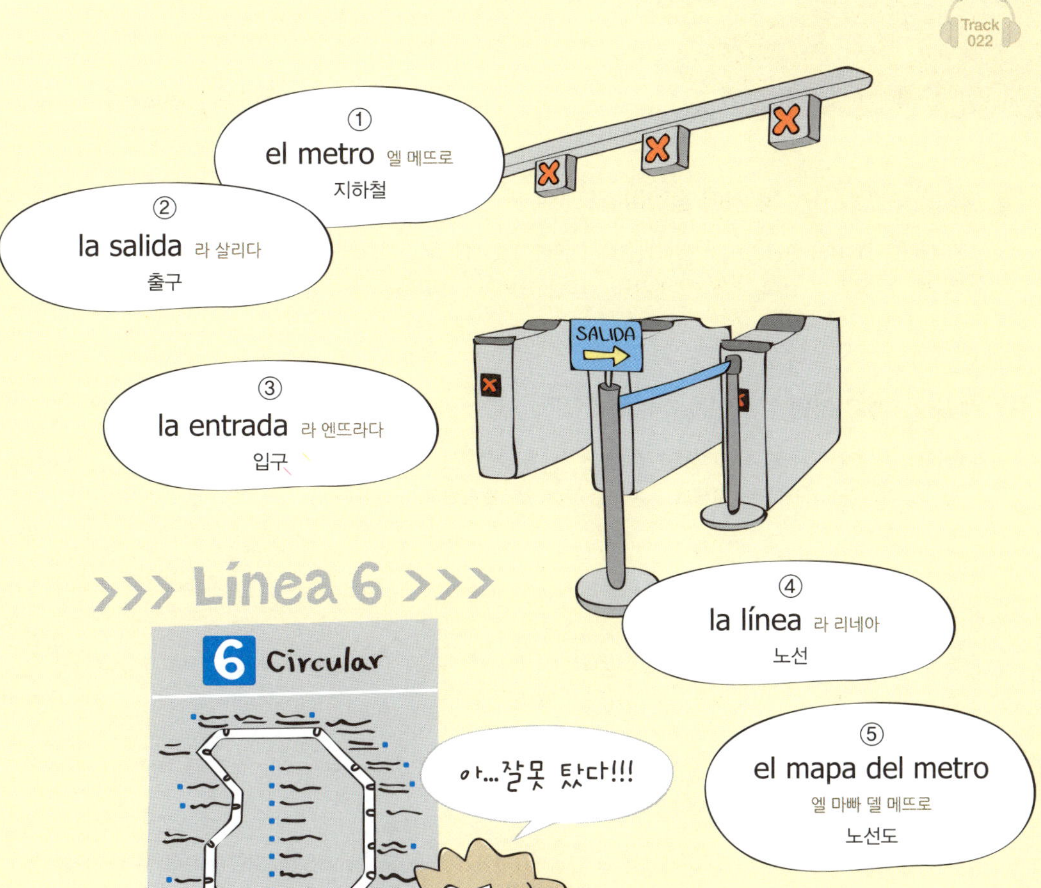

~에 가나요?

¿Pasa a~? ~ 빠사 아

③ 전철·지하철 Track 022

1 마드리드행 첫차는 몇 시에 출발하나요?

¿A qué hora sale el primer tren para Madrid?
아 께 오라 살레 엘 쁘리메르 뜨렌 빠라 마드릳

2 레알왕궁에 가려면 몇호선을 타야하나요?

¿Qué línea debo coger para ir al Palacio Real?
께 리네아 데보 꼬헤르 빠라 이르 알 빨라씨오 레알

* ir 이르 가다

3 어느 플랫폼에서 지하철을 타나요?

¿En qué andén puedo coger el metro?
엔 께 안덴 뿌에도 꼬헤르 엘 메뜨로

* coger/hacer transbordo 타다/갈아타다
꼬헤르 아쎄르 뜨란스보르도

4 아또차역은 어떤 정거장에서 내려야 합니까?

¿En qué parada tengo que bajar para ir a la estación de Atocha?
엔 께 빠라다 뗑고 께 바하르 빠라 이르 아 라 에스따씨온 데 아또차

* la estación de Atocha 아또차역
라 에스따씨온 데 아또차

5 어느 방향에서 타야 합니까?

¿En qué dirección debo subir?
엔 께 디렉씨온 데보 수비르

6 어디서 내려야 합니까?

¿Dónde debo bajar?
돈데 데보 바하르

7 프라도박물관에 가려면 어느 역에서 내려야 하나요?

¿Dónde debo bajar para ir al Museo del Prado?
돈데 데보 바하르 빠라 이르 알 무세오 델 프라도

La Culture

스페인의 **교통**

지하철

마드리드의 지하철 노선은 11개(바로셀로나 5개)이다.
역의 수는 약 120개 정도이고, 시내를 거미줄처럼 연결하
고 있다. 운행시간은 아침 6시부터 심야 1시 30분까지로 통
근시간 때는 3~4분마다 한 대씩 운행되고 있다. 주요역에는
METRO 메뜨로 라고 써 있고, 자동발매기도 갖추어져 있다.
요금은 균일하다.

지하철티켓 판매기

국철

스페인의 국철인 RENFE 렌페는 평균시속 250km의 AVE 아베가
1992년에 운행을 개시한 것을 비롯하여 Talgo 탈고, ELT 엘트,
TER 테르, IC 안테르시티와 같은 특급열차가 있다. 이들 특급열차
의 시설이나 서비스는 아주 훌륭하지만, 운행횟수가 그다지
많지 않다. 침대차에는 1인용, 2인용, 4인용의 일등침대인
Coche-cama 코체-카마, 6인용 간이침대인 Litera 리테라가 있다.
특급열차나 침대차를 이용할 때는 추가요금을 내야한다.

기차

택시

마드리드의 택시는 하얀 바탕에 빨간 줄이 있어서 언뜻 보면
앰블런스같다. 지나다니는 택시도 많고, 요금이 비교적 저렴
해서 부담없이 이용할 수 있다. 대개 택시승강장에는 T라는
표시가 있고, 택시 앞 유리창에 Libre 리브레 라고 써있는 것이
빈 차이다. 공휴일이나 일요일, 또는 짐의 개수에 따라 요금
이 추가되고, 시외로 나갈 때는 별도 요금을 내야하며, 대개
요금의 10%정도를 팁으로 준다.

마드리드 택시

버스

사전에 탈 곳, 내릴 곳을 미리 알아야 하며 차내 안내방송
은 하지 않는다. 시내버스 요금은 균일하고 승차시에 운
전수 옆에 있는 접시에 돈을 넣으면 운전수가 표를 준다.

장거리 버스

막차가 몇 시인가요?

A) ¿A qué hora sale el último autobús?
아 께 오라 살레 엘 울띠모 아우또부스

* último 울띠모 마지막

이 버스의 막차시간은 밤 11시입니다.

B) El último autobús sale a las once.
엘 울띠모 아우또부스 살레 아 라스 온쎄

외곽으로 가는 버스는 어디서 타나요?

A) ¿Dónde puedo coger el autobús para salir de la ciudad?
돈데 뿌에도 꼬헤르 엘 아우또부스 빠라 살리르 데 라 씨우닫

버스정류장에서 타야 합니다.

B) Se puede coger en la estación de autobuses.
세 뿌에데 꼬헤르 엔 라 에스따씨온 데 아우또부쎄스

건물		
공항	el aeropuerto	엘 아에로뿌에르또
호텔	el hotel	엘 오뗄
백화점	los grandes almacenes	로스 그란데스 알마세네스
빌딩	el edificio	엘 에디피씨오 **el edificio** 뒤에 빌딩 이름을 쓴다.

이 버스는 ~에 갑니까?

¿Este autobús pasa por ~? 에스떼 아우또부스 빠사 뽀르~

스페인에서 시내와 시외의 의미

스페인은 도시 la ciudad 라 씨우닫마다 capital 까삐딸 〈그 도시의 수도〉
이 있다. capital이 시내의 개념이고, pueblo 뿌에블로〈그 도시의 외곽
마을〉등이 있는데 이것이 시외의 개념이다.
그러나 시외에 해당하는 Pueblo도 우리나라에서 시외가 소외
되는 것과 달리 스페인에서는 존중해 각 pueblo의 이름을 언
급하는 것이 일반적이다.

④ 버스

1 이 버스는 ～에 갑니까?

¿Este autobús pasa por~?

에스떼 아우또부스 빠사 뽀르

2 이 버스가 이곳을 가나요? 팜플렛이나 지도를 보여 주면서

¿Este autobús pasa por aquí?

에스떼 아우또부스 빠사 뽀르 아끼

3 버스 노선도를 구할 수 있나요?

¿Puedo tomar un mapa de lineas de autobuses?　　　* un mapa 운 마빠 지도

뿌에도 또마르 운 마빠 데 리네아스 데 아우또부세스

4 버스 요금은 티켓인가요, 현금인가요?

¿La tarifa de autobús se paga con el billete o en efectivo?

라 따리파 데 아우또부스 쎄 빠가 꼰 엘 비예/제떼 오 엔 에펙띠보

5 시내 가는 버스는 어디서 타나요?

¿Dónde puedo coger el autobús para el centro de la ciudad?

돈데 뿌에도 꼬헤르 엘 아우또부스 빠라 엘 쎈뜨로 델 라 씨우닫

6 아또차역까지 가려면 몇 번 버스를 타야하나요?

¿Qué número debo coger para ir a

께 누메로 데보 꼬헤르 빠라 이르 아

la estación de Atocha?

라 에스따씨온 데 아또차

7 호텔로 **돌아가려면** 어디서 타야 하나요?

¿Dónde debo coger el autobús para volver al hotel?
돈데　　　데보　　꼬헤르　엘 아우또부스　　빠라　　볼베르　알 오뗄

8 그곳에 도착하면 가르쳐 주세요.

Cuando llegue allí me lo enseña, por favor.
꽌도　　　　예게　　아이 메　로 엔세냐　　　뽀르 퐈보르

9 버스는 얼마나 자주 오나요?

¿Con qué frecuencia pasa el autobús?
꼰　　께　프레꾸엔씨아　　빠사　엘 아우또부스

10 이 버스는 15분에 한번 옵니다.

El autbús pasa cada quince minutos.
엘 아우또부스　빠사　　까다　끼세　　미누또스

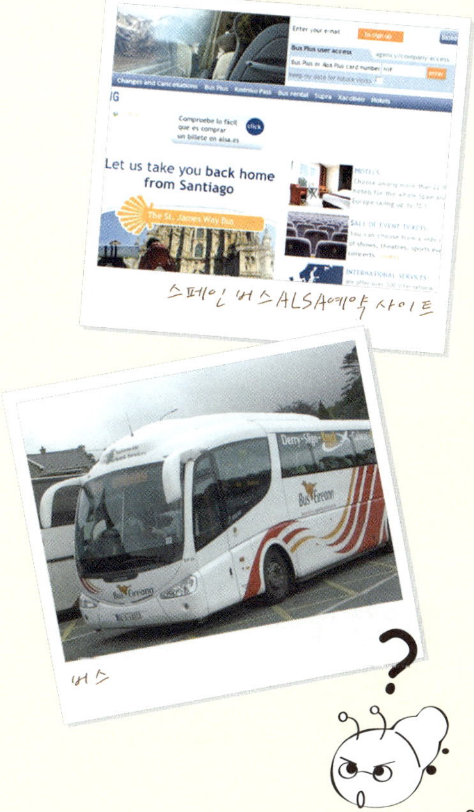

스페인 버스 ALSA예약 사이트

버스

차를 **빌리고 싶습니다.**

A) **Quisiera alquilar** un coche.
　끼시에라　　　　알낄라르　　　운　　꼬체

* alquilar ～을 빌리다 / 임대
　알낄라르

어떤 차를 원하십니까?

B) **¿Qué coche** quiere alquilar?
　　께　　꼬체　　끼에레　　알낄라르

* quiere ～을 원하다 **원** querer
　끼에레　　　　　　　　께레르

얼마 동안 빌리고 싶습니까?

B) **¿Para cuánto tiempo** quiere alquilar?
　빠라　꽌또　　띠엠뽀　　끼에레　　알낄라르

24시간입니다.

A) Durante 24(veinticuatro) horas.
　두란떼　　　베인띠 꽈뜨로　　　오라스

렌터카

시간			
• 하루	un día 운 디아	• 일주일	una semana 우나 세마나
• 2일간	dos días 도스 디아스	• 한 달	un mes 운 메스

～얼마입니까?

¿Cuánto cuesta~? 꽌도 꿰스따

- ¿Cuánto cuesta para un día? 하루에 얼마 입니까?
  꽌또　　　꿰스따　빠라　운 디아
- ¿Cuánto cuesta para alquilar un van? 벤을 빌리는데 얼마입니까?
  꽌또　　　꿰스따　빠라　알낄라르　운 벤

⑤ 렌트카

1 어디에서 차를 빌리나요?

¿Dónde puedo alquilar un coche?
돈데　　뿌에도　알낄라르　운　꼬체

* alquilar 알낄라르 대여, 빌리다

2 소형 오토차를 원합니다.

Quiero un automóvil de pequeño tamaño.
끼에로　운　아우또모빌　데　뻬께뇨　따마뇨

자동차		
• 레저카	vehículos recreacionales	베이꿀로스 레끄레아씨오날레스
• 중형	medio tamaño	메디오 따마뇨
• 대형	gran tamaño	그란 따마뇨

3 렌트비는 하루에 얼마 입니까? 글로 써주세요.

¿Cuánto es el alquiler al día? Escríbalo, por favor.
꽌또　　에스 엘 알낄레르　알 디아　에스끄리발로　뽀르 퐈보르

4 상해보험에 들고 싶습니다.

Quiero asegurar contra accidentes.
끼에로　아세구라르　꼰뜨라　악시덴떼스

* asegurar 아세구라르 보험에 들다

5 종합보험으로 신용카드 결제 해주세요.

Quiero **pagar con tarjeta de crédito** incluyendo el seguro a todo riesgo.
끼에로　　빠가르　꼰　따르헤따　데　끄레디또　인끌루옌도　　엘 세구로　　아 또도　리에스고

* el seguro a todo riesgo　종합보험 (전손보험)
　엘 세구로　　아 또도　　리에스고

* la tarjeta de crédito　　신용카드
　라 따르헤따　데　끄레디또

6 도로 지도를 주세요.

¿**Me da** un mapa de calle?
메　다　운　마빠　　데　까예/제

7 차의 반납은 어디서 하나요?

¿**Dónde** puedo devolver el coche?
돈데　　뿌에도　데볼베르　　엘 꼬체

실레합니다. **길**을 잃었습니다.

A) Perdón, me he equivocado de calle.
　빼르돈　　　메　에　에끼보까도　　　데　까예/제

어디를 **찾으시나요?**

B) ¿Qué calle busca?
　께　까예/제　부스까

* buscar 부스까르 찾다

스페인 광장에 가려고 합니다.

A) Quería ir a la Plaza de España.
　께리아　이르 아 라 쁠라사　데 에스빠냐

* quería 께리아 ~ 원하다 원 querer 께레르

버스를 타야 겠네요.

B) Debo coger el autobús.
　데보　꼬헤르　엘 아우또부스

교통		
~으로 교통수단		• 택시로　en taxi 엔 딱시
• 버스로　en autobús 엔 아우또부스		• 기차로　en tren 엔 뜨렌
• 지하철로　en metro 엔 메뜨로		• 비행기로　en avión 엔 아비온

(나는) ～에 가고 싶다. /～에 가다.

quiero ir a ～. 끼에로 이르 아~ / ir a ～. 이르 아~

1 실례합니다. 이 호텔을 찾고 있는데요.

Disculpe, estoy buscando este hotel.
디스꿀뻬　　　에스또이 부스깐도　　　에스떼 오뗄

2 이 거리의 이름은 무엇입니까?

¿Cómo se llama esta calle?
꼬모　　쎄　야/쟈마　에스따 까예/제

3 여기가 어디지?

¿Dónde estamos?
돈데　　　에스따모스

4 지도에 표시해 주시겠어요? 지도를 보여주면서

¿Podría señalarlo en el mapa?
뽀드리아 쎄냘라를로　엔 엘 마빠

5 여기서 가까운가요?

¿Está cerca de aquí?
에스따 쎄르까　데 아끼

* está 에스따 ～에 있다 🟡 estar 에스따르

6 먼가요?

¿Está lejos de aquí?
에스따 레호스 데 아끼

7 여기서부터 걸어서 얼마나 걸립니까?

¿Cuánto tiempo se tarda desde aquí a pie?
꽌또 띠엠뽀 쎄 따르다 데스데 아끼 아 삐에

8 버스와 지하철 어느 쪽이 편리할까요?

¿Cuál será más conveniente entre el autobús y el metro?
꽐 세라 마스 꼰베니엔떼 엔뜨레 엘 아우또부스 이 엘 메뜨로

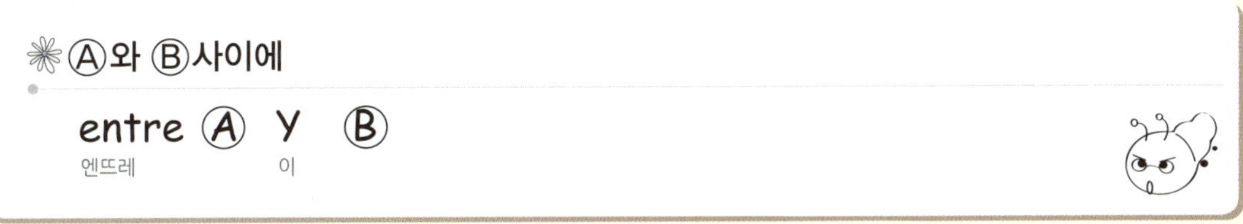

9 몇 번 버스를 타야합니까?

¿Qué número de autobús debo coger?
께 누메로 데 아우또부스 데보 꼬헤르

10 오른쪽에 있나요? 왼쪽에 있나요?

¿Está a la derecha o a la izquierda?
에스따 아 라 데레차 오 아 라 이스끼에르다

두 사람 자리를 ==예약하고 싶습니다.==

A) Quiero reservar una mesa para dos (personas).
끼에로　　레세르바르　　우나　메사　빠라　도스　　뻬르소나스

알겠습니다. ==성함==이 어떻게 되시나요?

B) De acuerdo. Su nombre, por favor.
데　아꾸에르도　　수　놈브레　　뽀르　파보르

==저녁 6시==에 예약을 하고 싶습니다.

A) Quiero reservar una mesa a las seis.
끼에로　　레세르바르　　우나　메사　아 라스 쎄이스

==창가 좌석==으로 원합니다.

Quiero una mesa al lado de la ventana.
끼에로　　우나　메사　알 라도　데 라 벤따나

==몇 분==이십니까?

B) ¿Cuántas personas son?
꽌따스　　뻬르소나스　　손

사 람

- 한사람　una persona　우나 뻬르소나
- 두사람　dos personas　도스 뻬르소나스
- 세사람　tres personas　뜨레스 뻬르소나스
- 네사람　cuatro personas　꽈뜨로 뻬르소나스

분위기가 아주 좋은 식당은 보통 미리 예약을 해야한다.

예약을 할 때에는 식사시간과 인원수 등을 알려줘야 하며, 본인의
이름과 전화번호를 남기면 된다.특별히 원하는 좌석이나 웨이터
혹은 웨이트리스를 지정할 수 있다.

① 예약 Track 026

1 여기 좋은 식당이 있습니까?

¿Dónde hay un buen restaurante aquí?
돈데   아이 운 부엔   레스따우란떼   아끼

* aquí 아끼 여기

2 까사보띤 레스토랑입니다.

Es el restaurante Casa Botín..
에스 엘 레스따우란떼   까사   보띤

3 정장을 입어야 하나요?

¿Tengo que vestirme formal?
뗑고   께   베스띠르메   포르말

* Tengo que~ 뗑고 께 ~해야 한다

4 아니오, 그럴 필요 없습니다.

No, no necesita.
노   노   네쎄씨따

보띤 레스토랑 내부

보띤 레스토랑

98

La Culture · 스페인의 **음식**

las tapas 라스 따빠스
따빠스는 작은 접시에 소량을
담아먹는 음식으로, 종류가 다양하고
에피타이저나 간식, 술안주로 즐겨 먹는다.

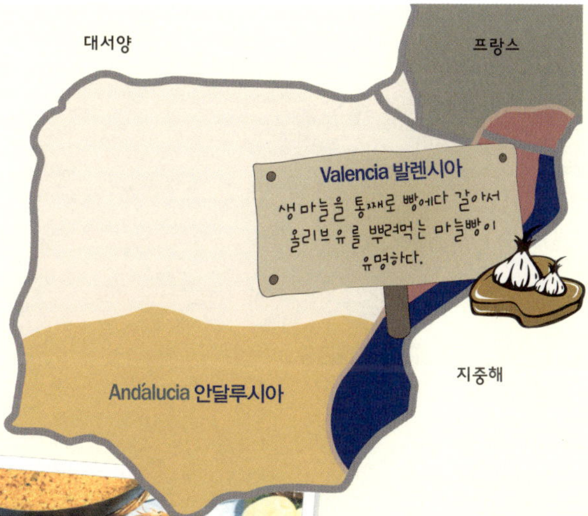

paella 빠에야
빠에야

빠에야는 스페인 요리점에서 가장 많이 볼 수 있는
메뉴 중에 하나이다.
발렌시아산 쌀에 닭이나 토끼고기등과 다양한 해물
을 넣고 찐 후에, 샤프란에서 추출한 색소를 넣는다.

무엇을 드시겠습니까?

A) ¿Qué quieren tomar?
　　께　　끼에렌　　또마르

이 레스토랑의 **특별요리(추천요리)**는 무엇입니까?

B) ¿Cuál es el menú especial de este restaurante?
　　꿀　에스 엘 메누　에스뻬씨알　데 에스떼　레스따우란떼

더 필요한 것 없으세요?

A) ¿Algo más?
　　알고　마스

네, 없습니다.

B) No, nada más.
　　노　나다　마스

<table>
<tr><td colspan="3">메뉴</td></tr>
</table>

• 사진 메뉴	la carta que tiene foto	라 까르따 께 띠에네 포또
• 영어 메뉴	la carta en inglés	라 까르따 엔 잉글레스
• 한국어 메뉴	la carta en coreano	라 까르따 엔 꼬레아노
• 술 리스트	carta de licores	까르따 데 리꼬레스
• 음료 리스트	carta de bebìdas	까르따 데 베비다스

~을 주세요.

~, por favor. 뽀르 파보르 / Déme ~ 데메

스페인의 음식

스페인의 요리는 푸짐하고 맛이 좋으며, 커피 한 잔과 토스트 등으로 간단히 때우는 아침을 제외하고는 점심과 저녁은 천천히 많이 먹는다. 마드리드의 향토요리는 **꼬치니요 아사도** (새끼통돼지요리), 갈리시아는 **해산물**, 발렌시아는 **빠에야**(육류, 해물과 섞은 쌀요리), 안날루시아는 **가스파초**(토마토와 마늘로 만든 냉스프)가 유명하다.

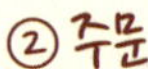

1 주문해도 되나요?

¿Puedo pedir?

뿌에도 뻬디르

2 오늘의 요리는 무엇입니까?

¿Cuál es el menú del día?

꽐 에스 엘 메누 델 디아

3 어떤 것이 맛있나요?

¿Qué plato está rico?

께 쁠라또 에스따 리꼬

4 좀 있다 주문할게요.

Voy a pedir después de un rato.

보이 아 뻬디르 데스뿌에스 데 운 라또

5 옆 테이블과 같은 것으로 주세요.

Por favor, déme lo mismo que el de la mesa de al lado.

뽀르 퐈보르 데메 로 미스모 께 엘 데 라 메사 데 알 라도

6 메뉴판을 주세요.

Déme la carta, por favor.

데메 라 까르따 뽀르 퐈보르

7 사진이 있는 / 영어로 된 메뉴판이 있습니까?

¿Hay una carta que tiene la foto / en inglés?

아이 우나 까르따 께 띠에네 라 포또 엔 잉글레스

8 샐러드는 어떤 종류가 있습니까?

¿Qué tipo de ensalada tiene?
께 띠뽀 데 엔살라다 띠에네

9 이 지역의 향토요리는 무엇입니까?

¿Cuál es el plato típico de la región?
꽐 에스 엘 쁠라또 띠삐꼬 데 라 레히온

10 고기는 어떻게 해서 드시겠습니까?

¿Cómo quiere la carne?
꼬모 끼에레 라 까르네

고기 구운 정도

- 웰던 완전히 익힌　　　bien cocido 비엔 꼬씨도　　　• 레어 설 익힌　　poco cocido/crudo
- 미디움 중간으로 익힌　　medio cocido 메디오 꼬씨도　　　　　　　　　　뽀꼬 꼬씨도 끄루도

11 이 지방의 와인은 있습니까?

¿Tiene un vino de la región?
띠에네 운 비노 데 라 레히온

12 마실만 한 와인 좀 추천해 주세요.

¿Puede recomendarme un buen vino?　　　　　* recomendar 레꼬멘다르 추천하다
뿌에데 레꼬멘다르메 운 부엔 비노

13 와인 리스트를 보여 주십시오.

Déjeme ver la lista de vinos.
데헤메 베르 라 리스따 데 비노스

와인

- 적포도주　　el vino tinto 엘 비노 띤또　　　• 달지 않은 와인　el vino seco 엘 비노 쎄꼬
- 백포도주　　el vino blanco 엘 비노 블랑꼬　　　• 발포 적포도주　el vino rosado 엘 비노 로싸도

14 이것을 주십시오.

Déme este, por favor.
데메　　에스떼　뽀르　퐈보르

15 양파는 빼 주세요. 직역 : 양파는 넣지 말아 주세요.

Sin/con menos cebolla, por favor.
씬/꼰　　　메노스　　쎄보야/쟈　　뽀르　퐈보르

* sin 씬 ~없이
* cebolla 쎄보야/쟈 양파
* menos 메노스 제외하고

16 후추 알레르기가 있습니다.

Tengo alergia al pimiento.
뗑고　　　알레르히아　알　삐미엔또

* al pimiento 알 삐미엔또 알레르기

17 초콜렛무스 하나 주세요.

Un mousse de chocolate, por favor.
운　무스　　　데　초꼴라떼　　　뽀르　퐈보르

18 햄버거와 콜라 주세요.

Una hamburguesa y una coca-cola, por favor.
우나　　암부르게싸　　　이 우나　꼬까꼴라　　　뽀르　퐈보르

19 테이크아웃 할 겁니다. 직역 : 가져갈 겁니다.

para llevar.
빠라　　예/졔바르

* take-out 테이크 아웃 테이크아웃

20 여기서 먹을겁니다.

Para a comer aquí.
빠라　　아 꼬메르　　아끼

21 토마토와 치즈를 넣어주세요.

Ponga tomate y queso, por favor.
뽕가　　　또마떼　이 께쏘　　뽀르　퐈보르

스페인 맥도날드

22 팁입니다. 직역 : 당신 가지세요.

Esto es una propina. = Es para tí
에스또 에스 우나 쁘로삐나　　에스 빠라 띠

23 배가 고파요.

Tengo hambre.
뗑고　　암브레

* hambre 암브레 배고픔

24 각자 지불해요.

Pagamos por cada uno.
빠가모스　　뽀르 까다 우노

25 이번엔 제가 낼게요.

Esta vez, invito yo.
에스따 베스 인비또 요/죠

26 맛있게 드세요. / 많이 드세요.

¡Qué aproveche! / ¡Buen provecho!
께 아쁘로베체　　부엔 쁘로베쵸

27 잘 먹겠습니다.

Gracias.
그라시아스

28 잘 먹었습니다.

He comido bien.
에 꼬미도 비엔

* bien 비엔 잘

105

이것을 유로화로 바꿀 수 있나요?

A) ¿Puedo cambiar esto por euros?
뿌에도　깜비아르　에스또　뽀르　에우로스

네, 얼마를 바꿔 드릴까요?

B) Sí, ¿Cuánto quiere?
씨　꽌또　끼에레

예금통장을 만들고 싶습니다.

A) Quiero abrir una cuenta de ahorros.　* la cuenta de ahorro　적립예금
끼에로　아브리르　우나　꿴따　데　아오로스　　　라 꿴따　데　아오로

> **Tip**
> ~하고 싶습니다.　Quiero~ 는 원형동사는 querer 이며, -er 로 끝나지만 불규칙하게 변화하는 동사이다.
> 　　　　　끼에로

네, 알겠습니다.

B) Sí, de acuerdo.
씨　데　아꾸에르도

화폐

스페인은 유로존 국가로 **유로화를 사용**한다.

- 유로　　euro 에우로　복수형 euros 에우로스
- 위엔(중국돈)　yuan 유안　복수형 yuanes 유아네스
- 달러　　dólar 돌라르　복수형 dólares 돌라레스
- 엔화(일본돈)　yen 옌　복수형 yenes 예/졔네스
- 원(한국돈)　won 원　복수형 wones 워네스

화폐단위가 1이 넘어가면 **복수형 단위**를 붙여야 한다.　Ej. 1 dólar 운 돌라르 / 3 dólares 뜨레스 돌라레스

① el euro 엘 에우로
유로
② el yuan 엘 유안
위웬(중국돈)
아우...
머리아파
③ el dólar 엘 돌라르
달러
아싸!
용돈받았다~!
번호표
④ el won 엘 원
원(한국돈)
스페인 은행 BBVA

① 은행

1 모두 유로로 바꾸고 싶네요.

Quiero cambiar **todo** a euros.
끼에로　깜비아르　또도　아 에우로스

2 (오늘의) 환율은 어떻게 되나요?

¿Cuál es **el tipo de cambio** hoy?
꽐　에스 엘 띠뽀　데 깜비오　오이

3 1달러는 유로로 얼마인가요?

¿Cuánto vale un dólar **en** euros?
꽌또　발레　운 돌라르　엔　에우로스

tip cuánto 꽌또 는 분량, 수량, 정도, 값을 나타내는 의문사이다.

4 원화를 바로 유로화로 바꿀 수 있습니까?

¿Puedo cambiar de wones a euros **directamente**?
뿌에도　깜비아르　데 원에스　아 에우로스　디렉따멘떼

5 여행자 수표를 현금화할 수 있나요?

¿Puedo cambiar **el cheque de viaje** por efectivo?
뿌에도　깜비아르　엘 체께　데 비아헤 뽀르 에펙띠보

6 지폐로 주세요.

En billetes, por favor.

엔　비예/제떼스　뽀르　퐈보르

> tip **por favor** 뽀르 퐈보르 는 영어의 Please에 해당하는 표현이다.

7 ～유로짜리 지폐로 바꿔주세요.

Quiero cambiarlos en billetes de ~euros.

끼에로　깜비아를로스　엔 비예떼스　데　에우로스

8 동전으로 바꿔 주세요.

Quiero cambiarlo a monedas.

끼에로　깜비아를로　아 모네다스

9 ATM기는 어디에 있습니까?

¿Dónde está el cajero automático?

돈데　에스따 엘 까헤로　아우또마띠꼬

* **está** 에스따 ～에 있다　원 estar 에스따르

10 카드로 현금(유로화)을 찾고 싶은데요, 도와주세요.

Quisiera sacar dinero en efectivo. Ayúdeme, por favor.

끼시에라　사까르　디네로　엔　에펙띠보　아유/쥬데메　뽀르 퐈보르

11 여행자수표를 발행해 주세요.

Quiero cambiar un cheque de viaje.
끼에로　　깜비아르　　운 체께　　데 비아헤

12 은행은 몇 시까지 영업하나요?

¿A qué hora cierra el banco?
아 께　　오라　씨에라　엘 방꼬

* qué hora 께 오라　몇 시

• 잔액조회	Actualización de la libreta de ahorros 악뚜알리사씨온　데 라 리브레따 데 아오로스
• 현금인출	Retiro de dinero en efectivo 레띠로　데 디네로　엔 에펙띠보 (de la cuenta bancaria/de la tarjeta de crédito) 데 라 꿴따　방까리아　데 라 따르헤따 데 끄레디또
• 현금입금	Ingreso de dinero 인그레소 데 디네로
• 비밀번호	Contraseña 꼰뜨라세냐
• 송금	Transferencias 뜨란스페렌씨아스
• 잔액	Saldos 살도스
• 계좌번호	Número de cuenta 누메로 데 꿴따
• 외화	Divisa 디비사
• 카드를 넣어주세요.	Ingrese la tarjeta, por favor 인그레세　라 따르헤따　뽀르 퐈보르

ATM기기

La Culture 스페인의 **화폐**

유로화

유로화는 1999년 출범하여, 현재 유럽연합에서 (EU) 사용하는 **유럽 단일통화의** 이름이다.

1999년 1단계 시행시 덴마크, 스웨덴, 영국은 유로 참여를 유보했으며, 그리스는 경제상황이 참가기준에 미달 돼 제외됨으로서 유로 사용국이 총 11개국이었으나, 2001년 3월부터 그리스가 유로 가맹국으로 추가되면서 현재유로 가맹국은 16개국이다.

초기에는 화폐 실물은 없이 금융거래만 이루어졌다가 2002년 1월 1일부터 지폐 7종류와 동전 8종류로 된 화폐 실물이 공급되었다.

이 엽서를 한국으로 보내고 싶습니다.

A) Quiero enviar esta postal a Corea.
  끼에로   엔비아르   에스따   뽀스딸   아 꼬레아

국제 우편으로 보내야 합니다.

B) Tiene que enviar esta postal por el correo Internacional.
  띠에네   께   엔비아르   에스따   뽀스딸   뽀르   엘   꼬레오   인떼르나시오날

여기에 우체국이 있습니까?

A) ¿Hay una oficina de correos por aquí?
  아이   우나   오피씨나   데   꼬레오스   뽀르   아끼

가까이에는 없습니다.

B) No está cerca de aquí.
  노   에스따   쎄르까   데   아끼

우체국			
• 편지	la carta 라 까르따	• 엽서	la postal 라 뽀스딸
• 소포	el paquete 엘 빠께떼	• 우표	el sello 엘 세요/죠
• 짐	el equipaje 엘 에끼빠헤	• 우체통	el buzón de correos 엘 부손 데 꼬레오스

내가 ~로 보내고 싶습니다.

Quiero enviar a ~   끼에로 엔비아르 아~

② 우체국

1 우체통이 어디 있습니까?

¿Dónde hay un buzón?
돈데　아이　운 부손

2 우체국은 몇 시에 엽니까/닫습니까?

¿A qué hora abren/ cierran las oficinas de correos?
아 께 오라　아브렌　씨에란　라 오피씨나스　데 꼬레오스

3 우표를 주세요.

Un sello, por favor.
운　쎄요/죠 뽀르 퐈보르

4 기념우표가 있습니까?

¿Hay un sello conmemorativo?
아이 운 쎄요/죠 꼰메모라띠보

5 특급우편으로 발송해 주세요.

Es un envío urgente, por favor.
에스 운 엔비오　우르헨떼　뽀르 퐈보르

6 가장 빠른 우편으로 보내 주세요. 직역 : 이것을 최대한 빨리 보내고 싶어요.

Quiero enviar esto lo más rápido posible.
끼에로　엔비아르 에스또 로 마스　라삐도　뽀시블레

7 우편물 보험에 들고 싶습니다.

Quiero un seguro postal.
끼에로　운 세구로　뽀스딸

114

8 중요한 서류입니다.

Es un documento importante.
에스 운 도꾸멘또　　　임뽀르딴떼

9 서울에는 언제 도착합니까?

¿Cuándo llega a Seúl?
꽌도　　예/제가 아 세울

10 며칠이나 걸립니까?

¿Cuántos días se tardan?
꽌또스　　디아스 쎄 따르단

11 얼마입니까?

¿Cuánto cuesta?
꽌또　　꿰스따

12 이 소포를 보내는데 얼마나 나옵니까?

¿Cuánto cuesta enviar este paquete?
꽌또　　꿰스따 엔비아르 에스떼 빠께떼

13 이것을 포장할 박스를 주십시오.

Déme una caja para envolver esto.
데메　　우나 까하 빠라 엔볼베르　　에스또

14 우체국에서 은행업무를 볼 수 있습니까?

¿Es posible utilizar los servicios bancarios de la oficina de correos?
에스 뽀시블레　우띨리사르 로스 세르비시오스 방까리오스　데 라 오피씨나 데 꼬레오스

어서오세요.

A) Buenos días. 　아침 인사
　부에노스　　디아스

Buenas tardes. 　오후 인사
　부에나스　　따르데스

Buenas noches. 　밤 인사
　부에나스　　노체스

머리카락을 잘라 주세요.

B) Córteme el pelo. ＝ Me quiero cortar el pelo.
　꼬르떼메　엘 뻴로　　　메　끼에로　꼬르따르　엘 뻴로

어떻게 해 드릴까요?

A) ¿Cómo lo quiere?　　　　　　* quiere 끼에레 ~ 원하다 원 querer 께레르
　꼬모　　로 끼에레

가르마 없이 **파마를 하고 싶어요.**

B) Quiero hacerme la permanente sin la raya del pelo.
　끼에로　　아쎄르메　　　라 뻬르마넨떼　　씬 라 라야 델 뻴로

　　　　　　　　　　　　　　　　* sin la raya del pelo 가르마
　　　　　　　　　　　　　　　　　신　라 라야　델　뺄로

미용실

- 염색　　cambiar el color del cabello 깜비아르 엘 꼴로르 델 까베요
- 파마　　ondulación permanente 온둘라씨온 뻬르마넨떼
- 매니큐어　manicura 마니꾸라

①
salón de masaje
살론 데 마사헤
마사지 샵

menu

②
masaje de todo el cuerpo
마사헤　　　데　또도　엘　꾸에르뽀
전신 마사지

③
masaje de espalda 마사헤 데 에스빨다
등 마사지

④
masaje abdominal
마사헤　　　압도미날
복부 마사지

⑤
la exfoliación 라 엑스폴리아씨온
각질제거

⑥
la mascarilla 라 마스까리야/쟈
얼굴 팩

⑦
masaje de los pies
마사헤 데 로스 삐에스 발 마사지

⑧
el cuidado de las uñas
엘　꾸이다도　　데　라스　우냐스
손톱 다듬기

~해 주세요.

~, por favor. / Quiero ~.
뽀르 파보르　　끼에로

미용실과 마사지샵

미용실에서는 머리를 하고, 마사지 샵에서는 다양한 피부관리와 전신 마사지를 한다.

③ 미용실·에스테틱

1 이 사람처럼 해 주세요.

Quiero el estilo de esta persona.
끼에로　　엘 에스띨로 데　에스따 뻬르소나

2 커트와 탈색을 하고 싶은데요.

Quiero cortarme y decolorarme el pelo.
끼에로　　꼬르따르메　이 데꼴로라르메　　엘 뻴로

3 너무 짧게 자르지 마세요.

No tan corto, por favor.
노　딴　꼬르또　뽀르 퐈보르

4 염색을 원하는데요.

Quiero teñirme el pelo.
끼에로　　떼니르메　엘 뻴로

5 염색 샘플 있나요?

¿Hay una prueba para cambiar el color del cabello?
아이　우나　쁘루에바　빠라　깜비아르　엘 꼴로르 델　까베요/죠

6 시간이 얼마나 걸립니까?

¿Cuánto tiempo se tarda?
꽌또　　띠엠뽀　써 따르다

7 드라이를 하고 싶어요.

Quiero secarme el pelo.
끼에로　　쎄까르메　엘 뻴로

8 제 피부는 건성/지성/복합성입니다.

Tengo la piel seca/ la piel grasa/ la piel mixta.
뗑고　라 삐엘 쎄까　라 삐엘 그라사　라 삐엘 믹스따

9 강하게/부드럽게 마사지 해 주세요.

Masajeeme fuertemente/suavemente.
마싸헤에메　　　푸에르떼멘떼　　　쑤아베멘떼

10 매니큐어를 해 주세요.

Quiero el esmalte de uñas. 직역 : 메니큐어 하고 싶다
끼에로　　엘 에스말떼　데 우냐스

Quiero pintar las uñas. 직역 : 손톱 칠하고 싶다
끼에로　　뻰따르　라스 우냐스

11 눈썹을 다듬어 주세요.

Me quiero despilar las cejas. 직역 : 눈썹 깎고 싶다
메　끼에로　　데스뻴라르　라스 쎄하스

Quiero cuidarme las cejas. 직역 : 눈썹관리 하고 싶다
끼에로　　꾸이다르메　라스 쎄하스

* despilar 데스뻴라르 밀다

12 샴푸를 해 주세요. 직역 : 머리를 감겨 주세요

Láveme la cabeza.
라베메　　라 까베사

13 면도도 해 주세요.

Quiero afeitarme, también.
끼에로　　아페이따르메　　땀비엔

14 거울을 주세요.

Déme un espejo, por favor.
데메　　운 에스뻬호　뽀르 퐈보르

119

이 근처에 관광안내소가 있습니까?

A) ¿Hay una oficina de turismo por aquí?
아이 우나 오피씨나 데 뚜리스모 뽀르 아끼

예, 공원 근처에 있습니다.

B) Sí, está cerca del parque.
씨 에스따 쎄르까 델 빠르께

* está ~에 있다 ⑧ estar
에스따   에스따르

예약해야 합니까?

A) ¿Tengo que reservarlo?
뗑고 께 레세르바를로

* tengo ~해야한다 ⑧ tener
뗑고   떼네르

Tip ~을 해야 하다. Tener + 원형동사
떼네르

출발 전까지 표를 구입하면 됩니다.

B) Tiene que comprar el billete antes de partir.
띠에네 께 꼼쁘라르 엘 비예/제떼 안떼스 데 빠르띠르

* billete 표
비예/제떼

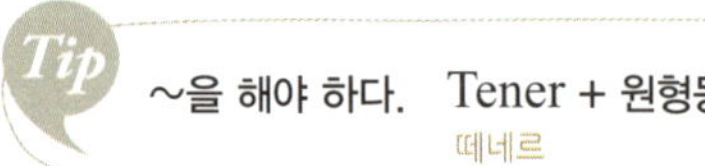
관광 상품

- 시내투어   el recorrido por el centro 엘 레꼬리도 뽀르 엘 쎈뜨로
- 시외투어   el turismo fuera de la ciudad 엘 뚜리스모 푸에라 데 라 씨우닫
- 관광투어   el viaje turístico 엘 비아헤 뚜리스띠꼬
- 야간투어   el turismo nocturno 엘 뚜리스모 녹뚜르노

스페인 관광

관광여행의 예약은 관광안내소, 여행 대리점, 큰 호텔의
프론트 등에서 할 수 있으며, 옵션유무를 반드시 확인해
야 한다.
박물관이나 미술관을 관람할 때는 대부분이 큰 가방이나
휴대품은 물품보관소에 맡기게 되어 있다. 하지만 목이 마
르거나 배고플 때를 대비하여 물이나 초콜렛 등을 넣은 작
은 손가방은 지니고 있도록 한다.

① 관광예약

1 반나절코스를 원합니다.

Quiero una excursión para la mitad del día.
끼에로　　우나　엑스꾸르씨온　빠라　라　미땉　델　디아

2 시내(번화가) 를 구경하고 싶습니다.

Quiero recorrer el centro de la ciudad.
끼에로　　레꼬레르　　엘 쎈뜨로　데 라 씨우닫

3 가 볼만한 곳을 추천해 주십시오.

Recomiéndeme un buen lugar.
레꼬미엔데메　　　　운 부엔　　루가르

4 한국어/영어로 된 안내서가 있습니까?

¿Hay una guía en coreano /en inglés?
아이 우나 기아　엔　꼬레아노　　엔　인글레스

5 바르셀로나의 지도가 필요합니다.

Necesito el mapa de Barcelona.
네쎄씨또　　　엘 마빠　　데　바르셀로나

* necesito 네쎄씨또 필요로 하다
원 necesitar 네쎄씨따르

6 무료 시내지도를 주세요.

Déme el mapa del centro gratis.
데메　　엘 마빠　델 쎈뜨로　그라띠스

7 무료 안내서가 있나요?

¿**Hay** un folleto gratis?
아이 운 포예또 그라띠스

8 이 곳은 어떻게 갑니까?

¿**Cómo puedo ir** aquí?
꼬모 뿌에도 이르 아끼

9 멕시코의 우남대학을 보고 싶습니다.

Quiero ver la Universidad Nacional Autónoma de México.
끼에로 베르 라 우니베르시닫 나씨오날 아우또노마 데 메히꼬

10 마요르광장에 가려면 어떻게 해야합니까?

¿**Cómo puedo ir a** la Plaza Mayor?
꼬모 뿌에도 이르 아 라 쁠라사 마요르

11 자전거를 빌릴 수 있습니까?

¿**Puedo alquilar** una bicicleta?
뿌에도 알낄라르 우나 비씨끌레따

12 시내투어가 있습니까?

¿**Hay un recorrido** por el centro?
아이 운 레꼬리도 뽀르 엘 쎈뜨로

이 도시의 유명한 박물관은 어디입니까?

A) ¿Cuál es el museo famoso de la ciudad?
꽐 에스 엘 무세오 파모소 델 라 씨우닫

프라도 박물관입니다.

B) Es el Museo del Prado.
에스 엘 무세오 델 쁘라도

> **Tip** museo 무세오 미술관 · 박물관, cine 씨네 영화관, exibición 엑시비시온 전시회

미술관에 가고 싶습니다. 어디로 가야할까요?

A) Quiero ir a un museo de arte, ¿Adónde debo ir?
끼에로 이르 아 운 무세오 데 아르떼 아돈데 데보 이르

레이나 소피아 미술관에 가세요.

B) Puede ir al Museo de Arte Reina Sofía.
뿌에데 이르 알 무세오 데 아르떼 레이나 소피아

장소	
광장	la plaza 라 쁠라사
갤러리	la galleria de arte 라 갈레리아 데 아르떼
전시장	la exposición 라 엑스뽀시씨온
박람회	la feria 라 페리아

~는 ~~으로 유명합니다.

~ser famoso por ~~ 쎄르 파모소 뽀르

② 관람

1 한국어가이드가 있습니까?

¿Hay un guía que hable coreano?
아이 운 기아 께 아블레 꼬레아노

2 전시회에 가 보고 싶습니다, 추천해 주시겠어요?

Quiero ver una exposición, ¿Me puede recomendar una?
끼에로 베르 우나 엑스뽀시씨온 메 뿌에데 레꼬멘다르 우나

3 이 건물은 언제 건축되었습니까?

¿Cuándo se construyó este edificio?
꽌도 쎄 꼰스뜨루요/죠 에스떼 에디피씨오

4 이 도시에서 가장 오래된 건물은 어디 있습니까?

¿Dónde está el edificio más antiguo de la ciudad?
돈데 에스따 엘 에디피씨오 마스 안띠구오 데 라 씨우닫

> ❋ 가장 오래된
>
> el + más + antiguo
> 엘 　 마스 　 안띠구오

5 스페인 영화를 보고 싶습니다.

Quiero ver una película española.
끼에로 베르 우나 뻴리꿀라 에스빠뇰라

* el cine 영화관
엘 씨네

6 극장이 어디 있습니까?

¿Dónde está el teatro?
돈데 에스따 엘 떼아뜨로

7 뮤지컬이 보고 싶습니다. 어디로 가야합니까?

Quiero ver un teatro musical. ¿Adónde debo ir?
끼에로　베르 운 떼아뜨로 무시깔　아돈데　데보　이르

8 이 곳의(이 지역의) 유명한 공연은 무엇이 있습니까?

¿Cuál es el espectáculo famoso de la región?
꽐　에스 엘 에스뻭따꿀로　파모소　데 라 레히온

9 이 지역(이 나라)의 전통공연을 보고 싶습니다.

Quiero ver un espectáculo tradicional de la región.
끼에로　베르 운 에스뻭따꿀로　뜨라디씨오날　데 라 레히온

공연	
• 플라멩코　**el flamenco** 엘 플라멩꼬	• 투우　**los toros** 로스 또로스

10 이 공연을 보려면 어떻게 해야하나요?

¿Qué tengo que hacer para ver esta función?
께　뗑고　께　아쎄르　빠라　베르 에스따 푼씨온

11 오페라를 보려면 예약해야 합니까?

¿Se necesita reservar para ver una ópera?
쎄　네쎄씨따　레세르바르　빠라　베르 우나　오뻬라

12 티켓은 어디서 삽니까?

¿Dónde puedo comprar las entradas?
돈데　　뿌에도　꼼쁘라르　　라스 엔뜨라다스

13 매진입니까?

¿Están agotadas?
에스딴　　아고따다스

* agotados 아고따도스　매진

14 팜플렛은 어디에 있습니까?

¿Dónde están los folletos?
돈데　　에스딴　　로스 포예/제또스

15 사진을 찍어도 됩니까?

¿Puedo sacar fotos?
뿌에도　　사까르　포또스

16 사진 좀 찍어 주세요.

Sáqueme una foto, por favor.
사께메　　　　우나　포또　뽀르 퐈보르

128

스페인의 **토마토 축제**

인간 탑 쌓기 대회는 바로셀로나 지방에서 열리는데.
Castells 까스뗄스 라고 한다.
이외, Cádiz 카니발 축제와 Las Fallas de Valencia
발렌시아 불꽃축제 등 전국 곳곳에서 축제가 열린다.

어떤 스포츠를 좋아하나요?

A) ¿Qué deporte le gusta?
  께   데뽀르떼   레 구스따

축구를 좋아해요.

B) Me gusta el fútbol.
  메   구스따   엘 풋볼

주말에 저와 ~경기장에 가시겠어요?

A) ¿Le apetece ir conmigo al partido de ~ el fin de semana?
  레   아뻬떼쎄   이르 꼰미고   알 빠르띠도   데   엘 핀 데 세마나

저는 축구경기가 보고 싶습니다.

B) Quiero ver un partido de fútbol.
  끼에로   베르 운 빠르띠도   데 풋볼

스포츠

• 축구	el fútbol 엘 풋볼		• 수영	la natación 라 나따씨온
• 스키	el esquí 엘 에스끼		• 골프	el golf 엘 골프
• 볼링	los bolos 로스 볼로스		• 야구	el béisbol 엘 베이스볼
• 배드민턴	el bádminton 엘 바드민똔		• 테니스	el tenis 엘 떼니스
• 인라인스케이트	el patinaje en línea 엘 빠띠나헤 엔 리네아		• 윈드서핑	el windsurf 엘 윈드술프

(나는) 매일 운동한다.

Hago ejercicio todos los días. 아고 에헤르씨씨오 또도스 로스 디아스

* Hacer ejercicio 아쎄르 에헤르씨씨오 운동하다

① 스포츠

1 메시 선수를 아시나요?

¿Conoce a Messi?
꼬노쎄　　아 메시

2 표가 남아있을까요?

¿Quedarán billetes?
께다란　　비예/제떼스

3 지금 사서 경기장에 들어갈 수 있나요?

¿Puedo comprarlo y entrar en el estadio ahora?
뿌에도　꼼쁘라를로　이 엔뜨라르 엔 엘 에스따디오　아오라

4 축구경기에 관한 정보를 얻고 싶습니다.

Quiero obtener información sobre el partido de fútbol.
끼에로　옵떼네르　인포르마씨온　쏘브레 엘 빠르띠도　데　풋볼

* sobre 소브레 ～에 관한

5 경기는 몇 시에 시작합니까?

¿A qué hora empieza el partido?
아 께 오라　엠삐에사　엘 빠르띠도

6 학생 할인이 됩니까?

¿Ofrecen descuento para estudiantes?
오프레쎈　데스꾸엔또　빠라　에스뚜디안떼스

7 (이번) 주말에 저와 경기장에 가시겠어요?

¿Quiere ir al estadio conmigo este fin de semana?
끼에레　이르 알 에스따디오 꼰미고　에스떼 핀 데 세마나

8 어느 팀과의 경기인가요?

¿**Qué equipos** juegan el partido?
께　　에끼뽀스　　후에간　　엘 빠르띠도

9 매일 하는 운동이 있나요?

¿Usted hace algún tipo de ejercicio **diariamente**?
우스뗄　아쎄　알군　띠뽀　데　에헤르시씨오　디아리아멘떼

10 이 근처에 체육관이 있습니까?

¿Dónde hay **un gimnasio** por aquí?
돈데　　아이 운 힘나시오　　뽀르 아끼

11 함께 수영하러 가실래요?

¿Quiere ir conmigo a **nadar**?
끼에레　이르 꼰미고　　아 나다르

12 직접하는 것 보다 보는 것을 더 좋아 합니다.

Prefiero verlo que hacerlo yo mismo.
쁘레피에로　베를로 께　아쎄를로　요/조 미스모

13 운동장비를 빌릴 수 있나요?

¿**Puedo alquilar** los equipos?
뿌에도　　알낄라르　　로스 에끼뽀스

✳ 저는 ～팀의 팬입니다.

Soy un apasionado(a) de ～.
소이　운　아빠씨오나도　　　다 데

스페인의 프리메라리가 la primera liga는 레알 마드리드 Real Madrid 레알 마드린 와
FC바르셀로나 FC Barcelona 에프씨 바르셀로나 가 유명하다.

술 한 잔 어때요?

A) ¿Le apetece tomar una copa?
레　아뻬떼쎄　또마르　우나　꼬빠

Tip ● 우리나라처럼 불특정하게 **술 한잔**이 아닌 **맥주, 와인**등을 구체적으로 말하는게 일반적이다. 이 경우 위의
beber 베베르 **마시다** 동사 대신에 술이름이나 술의 브랜드 이름 등을 말하면 된다.

좋아요. 시원한 맥주 어때요?

B) Bueno, ¿Una cerveza?
부에노　우나　쎄르베사

이 근처에 멋있는 클럽이 있나요?

A) ¿Dónde hay un buen club por aquí?
돈데　아이　운 부엔　끌룹　뽀르　아끼

클럽은 없고 분위기 좋은 나이트클럽은 있어요.

B) No hay ningún club, pero sí una discoteca de buen ambiente.
노　아이　닌군　끌룹　뻬로　씨 우나　디스꼬떼까　데　부엔　암비엔떼

맥주		
● 맥주	la cerveza	라 쎄르베싸
● 병맥주	la cerveza de botella	라 쎄르베싸 데 보떼야/쟈
● 생맥주	la cerveza de barril	라 쎄르베싸 데 바릴
● 캔맥주	la cerveza de lata	라 쎄르베싸 데 라따

맥주 마실까? 내가 낼게.

¿Quiere una cerveza? Te invito.
끼에레   우나 쎄르베사   떼 인비또

스페인의 술집

Bar는 주로 아침 8시부터 밤 12시까지 영업하며, 음식 양
을 풍부히 제공하므로 식사 대용으로 먹을 때도 2~3가지
정도의 음식과 맥주를 시키면 충분하다.

② 술 마시기

1 분위기 좋은 술집이 있나요?

¿Dónde hay un bar con buen ambiente?
돈데　　아이 운 바르 꼰　부엔　암비엔떼

2 선술집(펍)에 가고 싶습니다.

Quiero ir a un pub.
끼에로　이르아 운 뿝

3 포장마차와 같은 곳이 있나요?　직역 : 스낵바 같은 곳이 있나요?

¿Hay alguna caseta de bar?
아이　알구나　　까쎄따　데　바르

4 맥주 한 잔 간단히 마시고 싶은데요.

Quisiera beber una caña de cerveza.
끼씨에라　　베베르　우나　까냐　데　쎄르베싸

5 맥주 주세요.

Una cerveza, por favor.
우나　쎄르베사　　뽀르 파보르

6 데킬라 한 잔(병) 더 주세요.

Una copa (una botella) de tequila más, por favor.
우나　꼬빠　　우나 보떼야/쟈 데 떼낄라　　마스　뽀르 파보르

7 이 술 독하네요.

Este licor es fuerte.

에스떼 리꼬르 에스 푸에르떼

8 독하지 않은 술 한잔 주세요.

Una copa de licor no tan fuerte, por favor.

우나 꼬빠 데 리꼬르 노 딴 푸에르떼 뽀르 퐈보르

9 안주는 간단한 것으로 주세요.

Alguna tapa, por favor.

알구나 따빠 뽀르 퐈보르

tip 스페인에서는 **las tapas** 라스 따빠스라고 해서 술안주로 간단히 먹을 여러 종류
의 음식들이 나온다.

10 과일샐러드 주세요.

La ensalada de frutas, por favor.

라 엔살라다 데 프루따스 뽀르 퐈보르

11 안주는 필요 없습니다.

No quiero tapa.

노 끼에로 따빠

las tapas 라스 따빠스

13 딱 한 잔만 더 하죠.

Vamos a tomar una copa más.
바모스　　아 또마르　우나　꼬빠　마스

14 술 한 잔 더 하세요.

Toma una copa más.
또마　　우나　꼬빠　마스

15 내가 취했어요.

Estoy borracho(a).
에스또이　보라쵸(차)

16 너 취했어.

Estás borracho(a).
에스따스　보라쵸(차)

tip 상대가 남자일 때에는 남성(o)으로, 여자일 때에는 여성(a)으로 말하면 된다.

17 그만 마시죠.

No bebamos más.
노　베바모스　　마스

18 내일 머리 아플껄요.

Mañana tendrá dolor de cabeza.
마냐나　　뗀드라　　돌로르　데　까베사

19 내일 배가 아플껄요.

Mañana tendrá dolor de estómago.
마냐나　　뗀드라　　돌로르　데　에스또마고

20 집에 혼자 갈 수 있나요?

¿Puede ir sola(o)?
뿌에데　이르　쏠라(로)

21 집에 데려다 줄게요.

Le llevo a su casa.
레　예/예보 아 수　까사

22 내가 같이 가줄게. 작업성 멘트

Te acompaño.
떼　아꼼빠뇨

스페인의 술

• 상그리아	la sangría 라 상그리아	과일과 레모네이드를 섞은 와인펀치
• 헤레스	el jerez 엘 헤레스	대중의 사랑을 받는 셰리주
• 피노	el fino 엘 피노	담백한 고급 셰리주
• 아몬티야도	el amontillado 엘 아몬띠야도	셰리주로 색과 맛이 그윽하다.
• 올로로소	el oloroso 엘 올로로쏘	달콤한 디저트 와인과 비슷하다.
• 만사니야	la manzanilla 라 만싸니야/쟈	바다의 향취를 가미한 와인이다.
• 아니스	el anis 엘 아니스	아니스 열매 맛이 나는 술
• 솜브라	el sol y sombra 엘 솔 이 쏨브라	태양과 그늘 -브랜디와 아니스를 섞은 술인데, 혼합 비율은 입맛에 맞춰 여러 가지다.
• 폰체 카바예로	el ponche caballero 엘 뽄체 까바예/졔로	약간 달콤히디. 은빅으로 싸인 병에 담겨 있다.

디스코텍(나이트클럽)이 있나요?

A) ¿**Hay** una discoteca?
아이　우나　디스꼬떼까

네, 멋진 곳이 있어요.

B) Sí, hay **una genial**.
씨　아이　우나　헤니알

오늘밤에 쇼가 열리나요?

A) ¿Esta noche se celebra **un espectáculo**?
에스따　노체　세　쎌레브라　운　에스뻭따꿀로

* se celebra 세 쎌레브라 열리다

네, 열립니다.

B) Sí.
씨

술집			
• 카지노	el casino 엘 까씨노	• 호프집	la cerveceria 라 쎄르베쎄리아
• 바	el bar 엘 바르	• 커피숍	la cafeteria 라 까페떼리아
• 선술집	el pub 엘 빱	• 찻집	la teteria 라 떼떼리아

스페인의 클럽문화

밤이면 젊은이들이 모여 뜨거운 열기를 발산하는 디스코텍
은 주말 밤이면 특히 입추의 여지가 없이 붐빈다.

③ 클럽

1 춤추면서 술 마실 수 있는 곳이 있습니까?

¿Hay un lugar para beber y bailar?

아이　운　루가르　빠라　베베르　이 바일라르

2 저희와 함께 춤추면서 노시겠어요?　직역 : 저희와 합석하시겠어요? −부킹을 의미함

¿Quieren bailar con nosotros?

끼에렌　　바일라르 꼰　노소뜨로스

3 우리 데이트해요.　직역 : 같이 나가요

Vamos a salir.

바모스　　아 살리르

* salir 살리르 데이트하다

4 저희는 2명입니다. 그 쪽은 몇 명인가요?

Somos dos. ¿ Y, ustedes ?

소모스　　도스　　이 우스떼데스

5 당신에게 한눈에 반했습니다.

Me he enamorado de ti a primera vista.

메　에 에나모라도　　데 띠 아 쁘리메라　비스따

6 예약해야 하나요?

¿Debo reservar?

데보　　레세르바르

7 어떤 종류의 음악이 나옵니까?

¿Qué tipo de música se escucha?

께　　띠뽀 데 무씨까　　쎄 에스꾸챠

* de 데 의

8 춤을 잘 추시네요.

Baila bien.

바일라　비엔

142

9 너무 아름다우시네요.

Usted es muy guapo(a).
우스뗃　에스 무이　구아뽀(빠)

10 분위기 짱입니다.　직역 : 분위기 좋네요

¡Qué buen ambiente!
께　부엔　암비엔떼

11 네가 맘에 들어.

Me gustas tú.
메　구스따스　뚜

12 내가 맘에 들어?

¿Te gusto?
떼　구스또

노천카페

13 외국인 전용 카지노가 있나요?

¿Hay un casino para extranjeros?
아이　운　까시노　빠라　엑스뜨랑헤로스

14 카지노에 들어갈 수 있나요?

¿Puedo entrar en el casino?
뿌에도　엔뜨라르　엔　엘　까시노

Lección ⑧ 긴급 ① 분실·도난 Emergencias
에메르헨씨아스

도와주세요.

A) Ayúdeme, por favor.
아유/쥬데메　　뽀르　파보르

* Ayúdeme 아유/쥬데메 도와주다
원 Ayudar 아유/쥬다르

무슨 일이세요?

B) ¿Qué le pasa?
께　　레　빠싸

왜 그러세요?

A) ¿Qué le pasó?
께　　레　빠소

신용카드를 잃어버렸어요.

B) He perdido la tarjeta de crédito.
에　빼르디도　　라　따르헤따　데　끄레디또

소지품

• 여권	el pasaporte	엘 빠사뽀르떼	• 비행기표	el billete de avión	엘 비예/쎄떼 데 아비온
• 가방	la bolsa	라 볼사	• 표	el billete	엘 비예/쎄떼.
• 카메라	la cámara	라 까마라	• 지갑	la cartera	라 까르떼라
• 짐	la maleta	라 말레따	• 현금	el dinero en efectivo	엘 디네로 엔 에펙띠보
• 핸드폰(아이폰)	el móvil(el i-phone)	엘 모빌　엘 아이폰	• 신용카드	la tarjeta de crédito	라 따르헤따 데 끄레디또

여권을 분실시 필요한 서류

- 분실증면서(경찰서에서 발급)
- 임시 여권 발급 신청서 1매 (영사부내 비치)
- 주민등록번호가 나온 신분증 사본 1매
- 칼라사진 2매(5×5)
- 수수료

여권을 분실하거나 도난 당했을 때

여권을 분실했거나 도난 당했을 때는 가까운 경찰서에서 분실증명서를 받은 후, 가까운 **한국대사관**에 찾아가 신고하고 여권 재발급 수속을 밟는다.
여권을 분실하였을 경우 사진 2매를 첨부하여 여권번호와 발행 월·일을 기재해서 신청서를 제출한다.
여행증명서는 바로 발급 받을 수 있으나, 여권의 재발급은 1~2주일 정도 걸린다. 비상시를 대비해 여권을 복사해 두자.

1 도와주시겠어요?

¿Puede ayudarme?
뿌에데　아유다르메/아쥬다르메

2 가까운 경찰서가 어디 있나요?

¿Dónde hay una comisaría cerca?
돈데　아이　우나　꼬미사리아　쎄르까

3 지갑을 잃어버렸습니다.

He perdido la cartera.
에　뻬르디도　라 까르떼라

4 어디에 신고를 해야하나요?

¿Dónde debo denunciarlo?
돈데　데보　데눈씨아를로

5 분실물보관소가 있습니까?

¿Hay una oficina de objetos perdidos?
아이　우나　오피씨나　데　오브헤또스　뻬르디도스

6 택시에/지하철에 가방을 두고 내렸어요.

Me olvidé la bolsa en el taxi/en el metro.
메　올비데　라 볼싸　엔 엘 딱씨 엔 엘 메뜨로

7 공항에서 제 짐이 사라졌습니다.

He perdido la maleta en el aeropuerto.
에　뻬르디도　라 말레따　엔 엘 아에로뿌에르또

8 표를 두고 왔습니다. 직역 : 표를 잊고 왔어요

Me olvidé el billete.
메　올비데　엘　비예/제떼

9 여권을 잃어버렸습니다.

He perdido el pasaporte.
에　뻬르디도　엘　빠사뽀르떼

10 가방 안에는 여권, 현금, 신용카드, 면허증 등이 있었습니다.

En la bolsa estaba el pasaporte, el dinero en efectivo, la tarjeta
엔 라 볼사　에스따바　엘　빠사뽀르떼　　엘 디네로　엔 에펙티보　　라 따르헤따

de crédito y el carné de conducir.
데　끄레디도　이 엘 까르네　데　꼰두씨르

* el carné de conducir
엘 까르네 데 꼰두씨르　면허증

  그리고를 뜻하는 y이는 여러가지 사물 등을 콤마 (,)로 나열할 때 마지막에 한 번 붙여준다.

11 교통사고가 났습니다.

Tuve un accidente de coche.
뚜베　운　악씨덴떼　　데　꼬체

12 자전거에 부딪쳤습니다.

Choqué con una bicicleta.
쵸께　　꼰　우나　비씨끌레따

* una bicicleta 우나 비씨끌레따 자전거

13 분실증명서를 주세요.

El informe de la denuncia, por favor.
엘 인포르메　데 라 데눈씨아　　뽀르 파보르

무슨일 있어요? 안색이 안좋아보여요

A) ¿Qué le pasa? Se le ve mal.
께 레 빠싸 쎄 레 베 말

머리가 아파요.

B) Me duele la cabeza.
메 두엘레 라 까베사

병원에 같이 가 주세요.

B) Acompáñeme al hospital, por favor.
아꼼빠녜메 알 오스삐딸 뽀르 파보르

알았어. 빨리 가자.

A) Vale, vamos.
발레 바모스

* vamos 바모스 가다 원 ir 이르

컨디션

- 감기에 걸리다   **coger un resfriado** 꼬헤르 운 레스프리아도
- 설사하다   **tener diarrea** 떼네르 디아레아
- 어지럽다   **estar mareada(o)** 에스따르 마레아다(도)
- 컨디션이 나쁘다   **estar mal** 에스따르 말
- 식욕이 없다   **no tener apetito** 노 떼네르 아뻬띠또

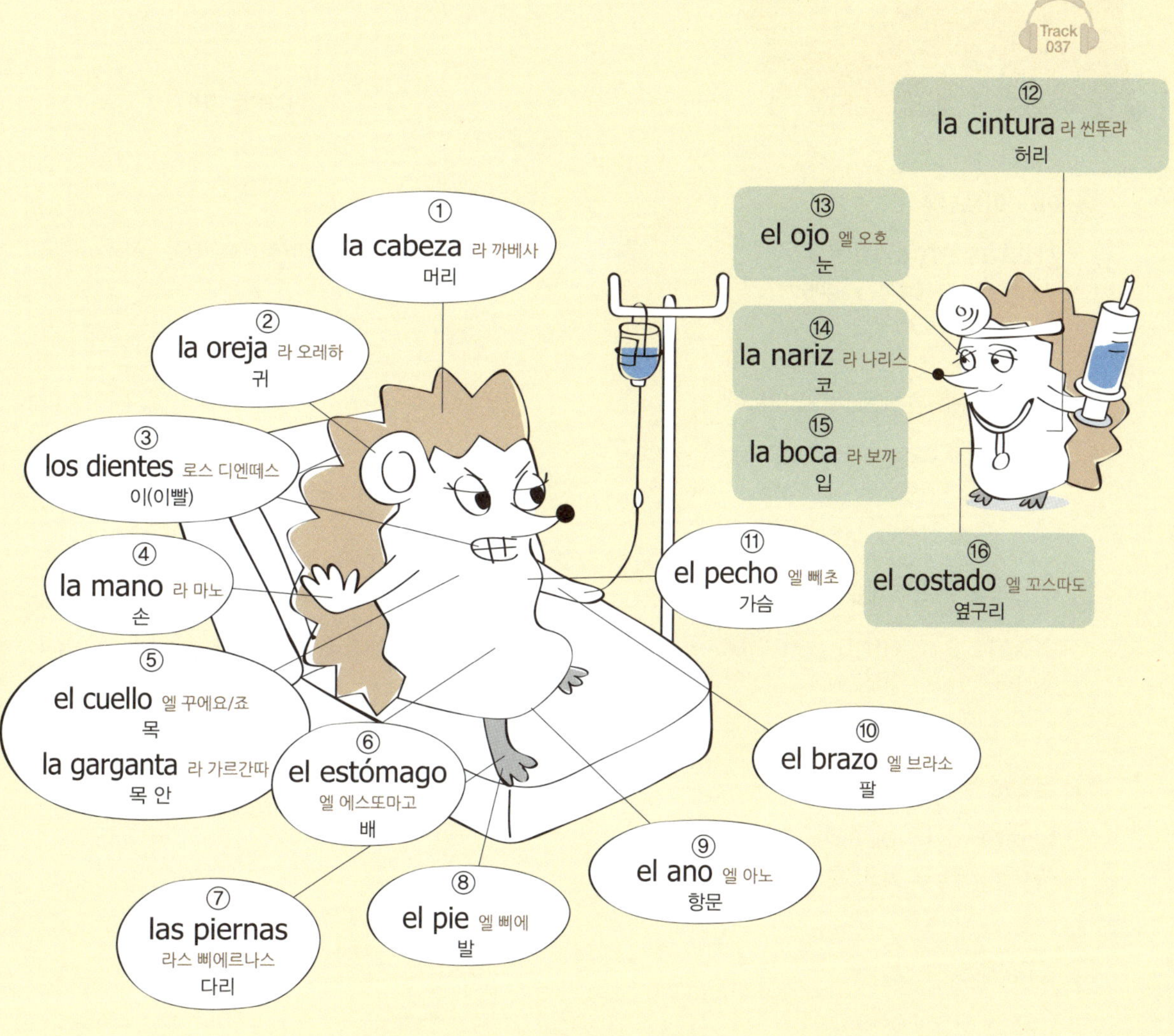

～가 아프다

Me duele ～ 메 두엘레

아플 때...

아프거나 음식때문에 고생을 할 때는 스페인병원이나 국제병원 또는 한국인 병원에 가면 된다.
또한 질병에 걸리지 않도록 물은 사서 마시는 것이 좋으며, 비상의약품은 미리 준비해두는 것이 좋다.

② 아플 때

1 어디 아프니?

¿Estás enfermo(a)?
에스따스 엔페르모　(마)

* enfermo(a) 엔페르모(마) 아픈

2 가장 가까운 병원은 어디인가요?

¿Dónde hay un hospital cerca?
돈데　　아이 운 오스삐딸 쎄르까

3 구급차를 불러주세요.

Llame a la ambulancia.
야/쟈메　아 라 암불란씨아

* la ambulancia 라 암불란씨아 구급차

4 경찰을 불러주세요.

Llame a la policía.
야/쟈메　아 라 뽈리시아

5 몸이 좀 좋지 않아요.

Estoy un poco mal.
에스또이 운 뽀꼬 말

* estoy 에스또이 ～상태이다 원 estar 에스따르

6 머리가 어지러워요.

Tengo vértigo.
뗑고　　베르띠고

* vértigo 베르띠고 어지럼증

7 열이 나요.

Tengo fiebre.
뗑고　　피에브레

8 감기에 걸린 것 같아요.

Creo que estoy resfriado(a).
끄레오 께 에스또이 레스프리아도 (다)

Creo que tengo gripe.
끄레오 께 뗑고 그리뻬

* gripe 그리뻬 독감

9 설사를 해요.

Tengo diarrea.
뗑고 디아레아

10 속이 메스꺼려요.

Estoy mareado(a).
에스또이 마레아다 (다)

11 체했어요.

Tengo una indigestión.
뗑고 우나 인디헤스띠온

12 침을 삼키면 목이 아파요.

Cuando trago saliva, me duele la garganta.
꽌도 뜨라고 살리바 메 두엘레 라 가르간따

* cuando 꽌도 ～하면(가정)

13 기침이 많이 납니다.

Tengo mucha tos.
뗑고 무챠 또스

14 어제부터 콧물이 납니다.

Tengo mucho moqueo desde ayer.
뗑고 무쵸 노께오 데스데 아예/계르

151

15 이 약은 언제 먹습니까?

¿Cuándo toma esta pastilla?
꽌도　　　또마　　에스따　빠스띠야/쟈

tip　**약을 먹다** 는 **먹다** 라는 **comer** 꼬메르 동사가 아니라, **tomar** 또마르 동사를 사용한다

16 하루에 몇 번 먹나요?

¿Cuántas veces la toma por día?
꽌따스　　　베쎄스　라 또마　　뽀르 디아

17 1일 3회 식전/식후에 드세요.

Tres veces al día, antes de comer/después de comer.
뜨레스 베쎄스　알 디아 안떼스 데 꼬메르　데스뿌에수 데 꼬메르

* **veces** 베쎄스 ~회, 번

18 해외여행자보험에 들어있습니다.

Tengo el seguro de viaje para el extranjero.
뗑고　　　엘 세구로　　데 비아헤 빠라 엘 엑스뜨랑헤로

19 진단서가 필요합니다.

Se necesita un diagnóstico.
쎄 네쎄씨따　　운 디악노스띠꼬

20 처방전이 필요합니다.

Se necesita una prescripción.
세 네쎄시따　　우나 쁘레스끄립씨온

21 사본이 필요합니다.

Se necesita una copia.
세 네쎄시따   우나 꼬삐아

22 보험금 청구할 서류가 필요합니다.

Se necesita el documento para pedir el dinero del seguro.
세 네쎄시따   엘 도꾸멘또   빠라 뻬디르 엘 디네로 델 세구로

23 필요한 서류가 무엇인가요? 직역 : 무슨 서류가 필요한가요?

¿Qué documentos necesita?
께   도꾸멘또스   네쎄시따

CHAPTER 3

질문과 답변

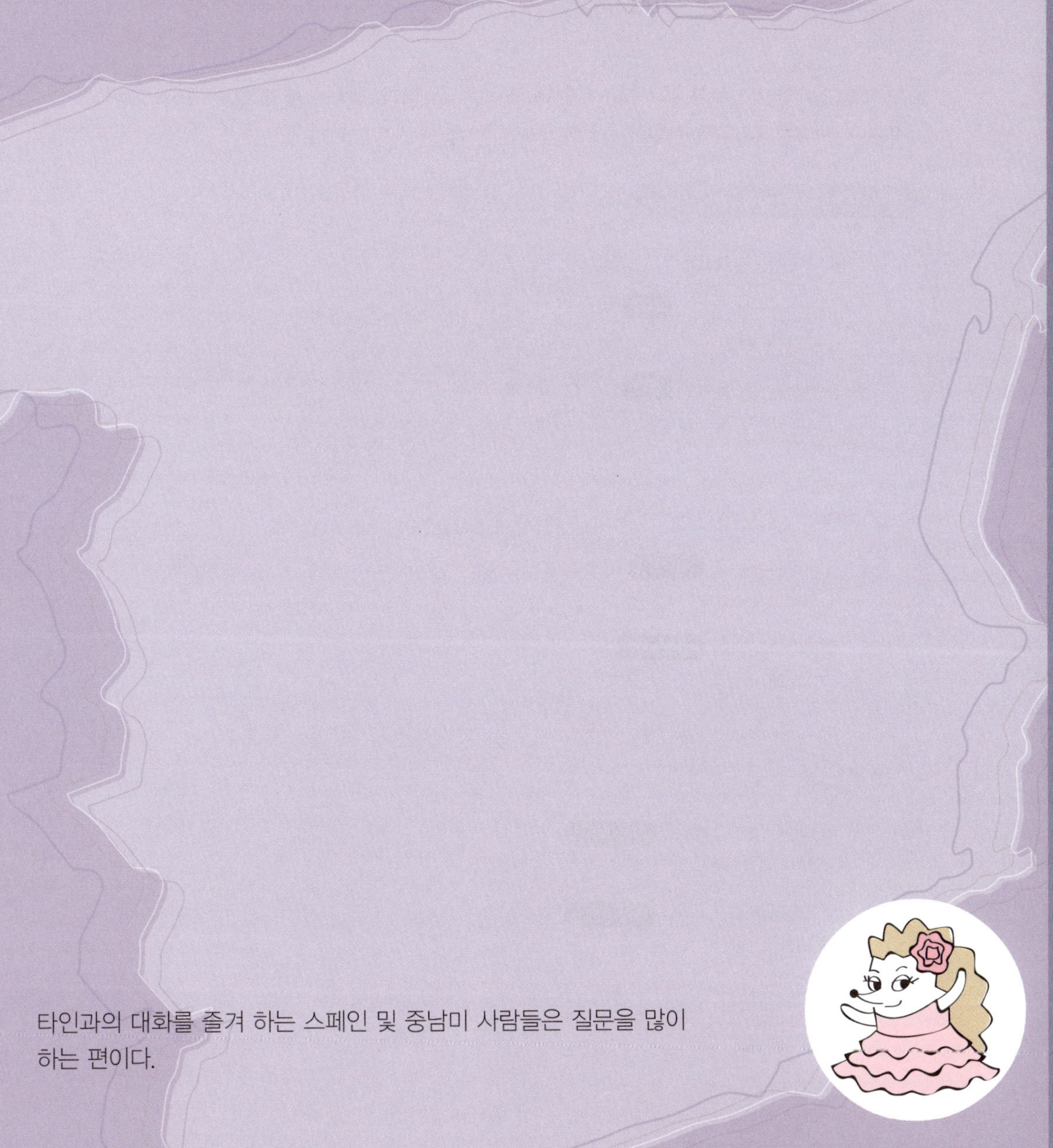

타인과의 대화를 즐겨 하는 스페인 및 중남미 사람들은 질문을 많이
하는 편이다.

① 일상 질문

 신상 Pregunta y respuesta 쁘레군따 이 레스뿌에스따

질문형태는 크게 두 가지로 나뉜다.
의문사를 쓰는 의문문과 일반 평서문에 물음표만으로 표현하는 **일반의문문**이다.
의문사를 쓰는 의문문에서는 의문사의 강세에 주의해서 말하고, 일반의문문의 경우에는
말끝을 올려서 평서문과 구분하여 말하면 된다.

의문사는 Quién 끼엔 **누가**, Cuándo 도 **언제**, Dónde 돈데 **어디**, Qué 께 **무엇**, Cuál 꽐 **어느 것**,
Cómo 꼬모 **어떻게**, Cuánto 또 **얼마나**, Por qué 뽀르께 **왜** 이 있다.

성·수 변화를 하는 의문사

① 의문대명사 Quién 끼엔 **누가**

예 》 그는 누구인가요?　[단수]
¿Quién es él? 끼엔 에스 엘

그들은 누구인가요?　[복수]
¿Quiénes son ellos? 끼에네스 손 에요/죠스

② 의문부사 Cuánto 꽌또 / **의문형용사 Cuántos** 꽌또쓰 **얼마나**

예 》 얼마입니까?　[의문부사]
Cuánto cuesta? 꽌또 꿰스따

몇 살이십니까?　[의문형용사]
¿Cuántos años tiene? 꽌또쓰 아뇨쓰 띠에네

③ Qué 께 **무엇**

예 》 이것은 무엇입니까?　[의문대명사]
¿Qué es esto? 께 에스 에스또

몇 시입니까?　[의문형용사]
¿Qué hora es? 께 오라 에스

스페인어 의문문은 물음표 ¿ 로 시작하여 물음표 ? 로 끝난다.

★ 이름이 뭔가요?

¿Cómo se llama?
꼬모　　쎄　야/쟈마

* se llama 이름이 ～이다, ～라고 불리다 원 llamarse
쎄 야/쟈마　　　　　　　　　　야마르세

¿Cuál es su nombre?
꽐　　에스　수　놈브레

›››› 저는 산드라입니다.

Me llamo Sandra.
메　야/쟈모　산드라

저는 호세입니다.

Mi nombre es José.
미　놈브레　　에스 호세

* es ～이다 원 ser
에스　　　　세르

저는 아나입니다.

Yo soy Ana.
요/죠 소이　아나

* soy ～이다, ～이 있다 ; 영어의 be동사
소이
원 ser 세르

 **Tip** 이름을 말할 때 위의 세 가지 표현 중 하나를 이용하면 된다.

★ 실례지만, 몇 살 입니까?

Perdón, ¿Cuántos años tiene?
빼르돈,　　　꽌또스　　　아뇨스　　띠에네

›››› 저는 25살 입니다.

Tengo 25(venticinco) años.
뗑고　　　베인띠씽꼬　　　　아뇨스

★ 어디 출신인가요?

¿De dónde eres?
데 돈데 에레스

* eres 에레스 ～이다
원 ser 세르

····▶ 전 한국의 서울에서 왔습니다.

Soy de Seúl, Corea.
소이 데 세울 꼬레아

★ 어느 나라 사람인가요?

¿De dónde eres tú?
데 돈데 에레스 뚜

¿De dónde es usted?
데 돈데 에스 우스뗄

····▶ 저는 한국인입니다.

Soy coreano. 남자
소이 꼬레아노

Soy coreana. 여자
소이 꼬레아나

★ 직업은 무엇입니까?

¿A qué se dedica?
아 께 쎄 데디까

¿Cuál es su profesión?
꽐 에스 수 쁘로페시온

* dedica 데디까 직업

····▶ 회사원입니다.

Soy oficinista.
소이 오피씨니스타

····▶ 서울대학교에 다니고 있습니다. 직역 : 서울대학교에서 공부하고 있습니다

Estudio en la Universidad Nacional de Seúl.
에스뚜디오 엔 라 우니베르시닫 나시오날 데 세울

158

★ (지금) 어디에 살고 있나요?

¿Dónde vive?

돈데　　　비베

╌╌▶ 파리~에 살고 있습니다.

Vivo en París.

비보　　엔　　빠리스

> * vive, vivo 비베, 비보 살다
> 원 vivir 비비르

★ 어느 호텔에 머무르나요?

¿En qué hotel se alberga?

엔　께　오뗄　세　알베르가

★ 호텔에 머무르고 있습니다.

Estoy en un hotel.

에스또이　엔　운　오뗄

❋ (나는) ~에 있습니다.

Estoy en ~

에스또이　　엔

* estoy 에스또이 살다 원 estar 에스따르

아래에 나온 단어들을 ✓ 체크하면서 내 것으로 만들어 보자!

스페인어에서 **남성 관사**는 **el** 엘, **여성 관사**는 **la** 라 이다.

* 관사만으로 성을 구분할 수 있는 경우

학생	★ el estudiante 엘 에스뚜디안떼	★ la estudiante 라 에스뚜디안떼
주부	★ el amo de casa 엘 아모 데 까싸	★ la ama de casa 라 아마 데 까사
가수	★ el cantante 엘 깐딴떼	★ la cantante 라 깐딴떼
예술가	★ el artista 엘 아르띠스따	★ la artista 라 아르띠스따
회사원	★ el oficinista 엘 오피씨니스타	★ la oficinista 라 오피씨니스타

* 성에 따라 단어가 달라지는 경우

디자이너	★ el diseñador 엘 디세냐도르	★ la diseñadora 라 디세냐도라
컴퓨터 프로그래머	★ el programador 엘 프로그라마도르	★ la programadora 라 프로그라마도라
교수/교사	★ el profesor 엘 프로페소르	★ la profesora 라 프로페소라
은행원	★ el banquero 엘 방께로	★ la banquera 라 방께라
공무원	★ el funcionario 엘 푼씨오나리오	★ la funcionaria 라 푼씨오나리아
화가	★ el pintor 엘 삔또르	★ la pintora 라 삔또라

2 물건 Cosas 꼬사스

★ 이것은 무엇입니까?

¿Qué es esto?
께　　에스　에스또

┈▸ 스페인 전통의상입니다.

Es la ropa tradicional de España.
에스　라　로빠　　뜨라디씨오날　　　데　　에스빠냐

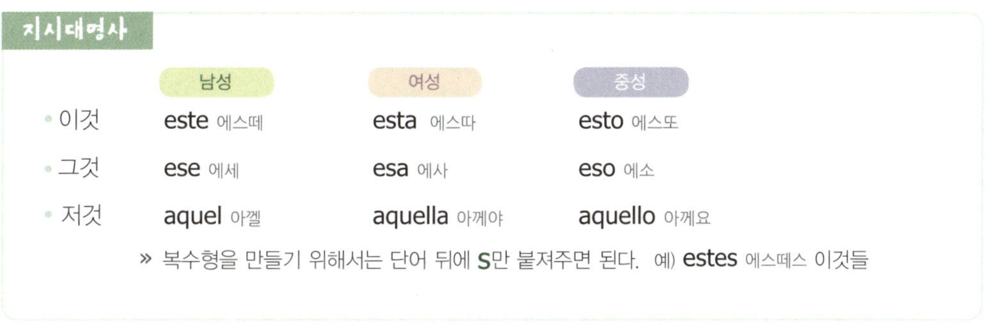

★ 이것은 스페인어로 뭐라고 하나요?

¿Cómo se dice esto en español?
꼬모　　쎄　디쎄　　에스또　엔　　에스빠뇰

* se dice 쎄 디쎄 말하다 ⑧ decir 데씨르

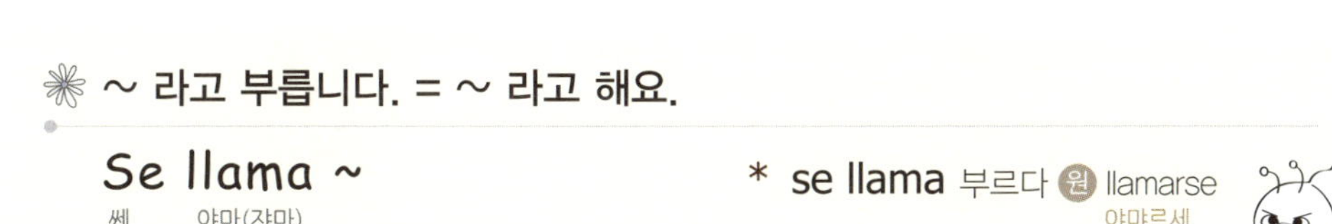

★ 여기에 스페인어로 적어주세요.

Escríbalo aquí en español.
에스끄리발로　　아끼　엔　에스빠니뇰

★ 제 연락처는 609-944805 입니다.

Mi número es el seis, cero nueve, noventa y cuatro, cuarenta
미 누메로 에스 엘 쎄이스 쎄로 누에베 노벤따 이 꽈뜨로 꽈렌따

y ocho, cero cinco.
이 오초 쎄로 씽꼬

Tip y 이 는 그리고에 해당한다.
전화번호를 말할 때에는 두 자리씩 읽기도 하고, 여기서는 하나씩만 읽기도 한다.

* *número de contacto* 연락처
누메로 데 꼰딱또

나라

• 한국	Corea 꼬레아		
	남한 Corea del Sur 꼬레아 델 수르		
	북한 Corea del Norte 꼬레아 델 노르떼		

• 스페인	España 에스빠냐	• 파라과이	Paraguay 빠라과이
• 멕시코	México 메히꼬	• 우루과이	Uruguay 우루과이
• 아르헨티나	Argentina 아르헨티나	• 일본	Japón 하뽄
• 콜롬비아	Colombia 꼴롬비아	• 중국	China 치나
• 페루	Perú 뻬루	• 미국	Estados Unidos 에스따도스 우니도스
• 칠레	Chile 칠레	• 프랑스	Francia 프란씨아
• 에콰도르	Ecuador 에꽈도르	• 독일	Alemania 알레마니아
• 베네수엘라	Venezuela 베네수엘라	• 유럽연합	la Unión Europea (EU) 라 우니온 에우로뻬아

스페인에서 쓰이는 숫자

① uno 우노 / una 우나 / un 운

un + 남성 명사   una + 여성 명사

② dos 도스
③ tres 뜨레스
④ cuatro 꽈뜨로
⑤ cinco 씽꼬
⑥ seis 쎄이스
⑦ siete 씨에떼
⑧ ocho 오쵸
⑨ nueve 누에베
⑩ diez 디에스
⑪ once 온쎄
⑫ doce 도쎄
⑬ trece 뜨레쎄
⑭ catorce 까또르쎄
⑮ quince 낀쎄
⑯ dieciséis(diez y seis 를 줄인 표현)
디에씨세이스
⑰ diecisiete(diez y siete)
디에씨씨에떼
⑱ dieciocho(diez y ocho)
디에씨오쵸
⑲ diecinueve(diez y nueve)
디에씨누에베

⑳ veinte 베인떼
㉚ treinta 뜨레인따
㊵ cuarenta 꽈렌따
㊿ cincuenta 씽꿴따
⑥⓪ sesenta 쎄쎈따
⑦⓪ setenta 쎄뗀따
⑧⓪ ochenta 오첸따
⑨⓪ noventa 노벤따
⑩⓪ cien(to) 씨엔(씨엔또)
⑩⓪① ciento uno 씨엔또 우노
⑪⑫ ciento doce 씨엔또 도쎄

(1,000)   mil 밀
(10,000)   diez mil 디에스 밀
(100,000) cien mil 씨엔 밀
(1,000,000) un millón 운 미욘/죤

★ 지금, 몇 시 입니까?

¿Qué hora es ahora?
께　　오라　　에스 아오라

···▶ 1시입니다.

Es la una.
에스 라　우나

* es, son 에스, 손 ~(시)이다
원 ser 세르

···▶ 7시 5분입니다.

Son las siete y cinco.
손　　라스　씨에떼　이 씽꼬

Tip 시와 분 사이에 y이 를 넣는다.

···▶ 10시 15분 입니다.

Son las diez y quince.
손　　라스　디에스　이 낀쎄

Son las diez y cuarto.
손　　라스　디에스　이 꽈르또

Tip 15분의 경우, 60분의 4분의 1 로 보고 cuarto 꽈르또 라고
말하기도 한다.

···▶ 10시 30분/반 입니다.

Son las diez y treinta.
손　　라스　디에스　이 뜨레인따

Son las diez y media.
손　　라스　디에스　이 메디아

Tip 30분의 경우, 60분의 절반으로 보고 media 메디아라고
말하기도 한다.

···▶ 10시 45분 입니다.

Son las diez y cuarenta y cinco.
손　　라스　디에스　이 꽈렌따　　이 씽꼬

Son las once menos cuarto.
손　　라스　온쎄　메노스　　꽈르또

Tip 11시 되기 15분 전이란 뜻으로, menos 메노스 는 영어의 **least**에 해당하는 표현이다.
30분이 넘어가면 **menos**를 이용하여 시간표현을 하기도 한다.
예) **Son las tres menos diez.** 손 라스 뜨레스 메노스 디에스 2 : 50

★ 열차는 **몇 시에 출발하나요?**

¿A qué hora sale el tren?
아 께   오라   살레 엘 뜨렌

····▶ **오전 11시**에 출발합니다.

Sale a las 11 de la mañana.
살레 아 라스 온쎄 데 라 마냐나

★ **오늘** 시간 있으세요?

¿Tiene tiempo hoy?
띠에네   띠엠뽀   오이

★ **언제 시작하나요?**

¿Cuándo empieza?
꽌도   엠삐에사

★ 몇 시에 **시작하나요?**

¿A qué hora empieza?
아 께 오라   엠삐에사

★ 언제 **끝나나요?**

¿Cuándo termina?
꽌도   떼르미나

¿A qué hora termina? 직역 : 몇 시에 끝나나요?
아 께 오라   떼르미나

 **날짜** La fecha 라 페차

★ 오늘은 몇 일인가요?

¿Qué fecha es hoy ?
께 페차 에스 오이

* hoy 오이 오늘
* mañana 마냐나 내일
* ayer 아예르 어제

···▶ 2013년 8월 15일입니다.

Es quince de octubre de dos mil trece.
에스 낀쎄 데 옥뚜브레 데 도스 밀 뜨레쎄

❋ **숫자 + de 숫자 + de 숫자**
　일　　　월　　　년

14 de junio de 2013
까또르쎄 데 후니오 데 도스밀뜨레쎄

연(年) el año 엘 아뇨, 월(月) el mes 엘 메스, 일(日) el día 엘 디아

월			
1월	Enero 에네로	7월	Julio 훌리오
2월	Febrero 페브레로	8월	Agosto 아고스또
3월	Marzo 마르소	9월	Septiembre 쎕띠엠브레
4월	Abril 아브릴	10월	Octubre 옥뚜브레
5월	Mayo 마요	11월	Noviembre 노비엠브레
6월	Junio 후니오	12월	Diciembre 디씨엠브레

연 도	
1999년	mil novecientos noventa y nueve 밀 노베씨엔또스 노벤따 이 누에베
2000년	dos mil 도스 밀
2002년	dos mil dos 도스 밀 도스
2013년	dos mil trece 도스 밀 뜨레쎄

★ 오늘이 무슨 요일인가요?

¿Qué día es hoy?

께 디아 에스 오이

▸ 오늘은 수요일입니다.

Hoy es miércoles.

오이 에스 미에르꼴레스

Tip ～요일이다. 라고 할 때는 관사가 빠진다. 단, 헤어질 때 하는 인사에서 ～요일에 보자. 라고 하면서 인사할 때는 관사가 붙는다.

요 일

- 월요일 el lunes 엘 루네스
- 화요일 el martes 엘 마르떼스
- 수요일 el miércoles 엘 미에르꼴레스
- 목요일 el jueves 엘 후에베스

- 금요일 el viernes 엘 비에르네스
- 토요일 el sábado 엘 사바도
- 일요일 el domingo 엘 도밍고

★ 생일은 언제입니까?

¿Cuándo es su cumpleaños?

꽌도 에스 수 꿈쁠레아뇨스

▸ (제 생일은) 1976년 9월 20일 입니다.

(Mi cumpleaños) Es el 20 de septiembre de mil novecientos

미 꿈쁠레아뇨스 에스 엘 베인떼 데 셉띠엠브레 데 밀 노베씨엔또스

setenta y seis.

세뗀따 이 세이스

♬생일축하 노래♬

★ 세마나 산타 기간은 언제인가요?

¿Cuándo es Semana Santa?

꽌도　　　에스 세마나　　　산타

★ 언제 카니발이 열리나요?

¿Cuándo se celebra el Carnaval?

꽌도　　　쎄 쎌레브라　　엘 까르나발

▸▸▸ 보통 매년 3월말에서 4월초입니다.

Normalmente desde finales de marzo hasta principios de abril.

노르말멘떼　　　데스데　피날레스　데　마르소　아스따　쁘린씨삐오스　데　아브릴

* desde~ hasta~ 데스데~아스따~　～에서 ～까지

★ 축제는 몇 일부터 몇 일까지 인가요?

¿Desde qué día hasta qué día es la fiesta?

데스데　께　디아 아스따　께　디아 에스 라 피에스타

▸▸▸ 토요일 밤부터 수요일 새벽까지 입니다.

Es desde la noche del sábado hasta la madrugada del miércoles.

에스 데스데　라 노체　델 사바도　아스따　라 마드루가다

델　미에르꼴레스

* desde la noche 데스데 라 노체 밤부터

La Culture 스페인의 **세마나 산타**

Nazarano 나사라노

성모 마리아상

Nazarano 나사라노

인간의 죄를 대신한 그리스도상이나 성모 마리아상을 맨 사람들이 행렬의
선두에 선다. 그 뒤를 Nazarano 나사라노(가장을 하고 행렬에 참가한 사람)의
행렬이 이어지는데, 나사라노는 까만 두건을 쓰거나 까만 망토를 두른다.
또는 촛불이나 나무 십자가 등을 들고서 걷는 사람도 있다.
고난을 상징하는 다양한 소품을 사용하거나 발목에 쇠사슬을 차고 맨발로
걷기도 한다. 성 목요일(최후의 만찬)과 성금요일(예수 수난일)에는 특히 큰 행
렬이 이어지고, 그 이틀 동안은 버스도 길에 다니지 않는다.

스페인의 **카니발**

스페인은 카톨릭국가이다. 17일 재의 수요일전까지 이 행사를 진행하고
부활절 전야까지 금식-금욕으로 전환한다.

Carnaval 카니발
까르나발

※ 브라질 리우데자이루는 세계에서 가장 큰 카니발을 개최한다.

⑤ 가격 El precio 엘 쁘레씨오

★ 얼마입니까?

¿Cuánto es?
꽌또　　　에스

¿Cuánto cuesta?　남미
꽌또　　　꿰스따

¿Cuánto vale?　스페인
꽌또　　　발레

* cuesta 꿰스따 얼마

┈▶ 20페소입니다.

Cuesta 20 pesos.
꿰스따　　베인떼　뻬소스

50유로 입니다.

Vale 50 euros.
발레　씽꿴따 에우로스

✽ (얼마) ~입니다.

es ✚ 숫자,　Vale ✚ 숫자,　Cuesta ✚ 숫자
에스　　　　　　발레　　　　　　　꿰스따
원 ser 세르　　　원 valer 발레르　　　원 costar 꼬스따르

돈 el dinero 엘 디네로,　동전·화폐 la moneda 라 모네다 · la plata 라 쁠라따
la plata는 아르헨티나 등 남부 일부 지역에서 돈의 의미로도 쓰이는 단어이지만,
스페인에서는 은이라는 의미로만 쓰인다.

★ 멕시코의 화폐는 무엇인가요?

¿Qué moneda se usa en México?
께　　모네다　　세 우사 엔 메히꼬

★ 한국의 화폐는 원이라고 합니다.

En corea se usa el won.
엔 꼬레아　쎄 우사 엘 원

멕시코 화폐들

★ 이것이 한국의 지폐/동전입니다.

Esto es un billete coreano / una moneda coreana.

에스또　에스　운　비예/제떼　꼬레아노　　　우나　　모네다　꼬레아나

* Esto 에스또 이것 　중성형
  Esta 에스따 〃 　여성형
  Este 에스떼 〃 　남성형

★ 몇 유로입니까?

¿Cuántos euros vale?

꽌또스　　　　에우로스　　발레

⋯▸ 15유로입니다.

Vale quince euros.

발레　　끼쎄　　　에우로스

★ 가격을 여기에 써 주세요.

¿Me puede escribir el precio aquí?

메　　뿌에데　　에스끄리비르　엘　쁘레씨오　아끼

⋯▸ 좀 깎아 주실 수 있어요? = 좀 깎아 주세요.

¿Podría bajar un poco el precio?

뽀드리아　　　바하르　운　뽀꼬　엘　쁘레씨오

⋯▸ 많이 살 테니까, 깎아 주세요.

¿Podría hacerme un descuento? Es que voy a comprar mucho.

뽀드리아　아쎄르메　운　데스꾸엔또 .　에스 께　보이　아 꼼쁘라르　　무쵸

 ¿Podría~? 뽀드리아 는 공손한 표현이다. 즉 위 문장의 조금 더 구체적인 의미는 싸게 살 수 있을까요? 많이 가져가려고요. 이다. 우리나라에서처럼 직선적으로 깎아 주시면 살께요 는 표현은 거의 사용하지 않는다.

* comprar 꼼쁘라르 (물건을) 사다

★ 기차표는 어디서 사나요?

¿Dónde compra el billete del tren?

돈데　　　　꼼쁘라　　　엘　비예/제떼　델　뜨렌

Track 045

★ 지하철은 어디서 타나요?

¿Dónde coge el metro?

돈데　　　　꼬헤　　　엘 메뜨로

스페인 지하철 내부

★ 이 버스는 마드리드에 가나요?

¿Este autobús es para Madrid?

에스떼　아우또부스　　에스 빠라　　마드릳

⋯▶ 네/아니오

Sí. / No.

씨　/　노

⋯▶ 맞습니다./ 아닙니다.

Cierto. / No.

씨에르또　　　/　노

★ (버스는) 언제 오나요?

¿Cuándo viene el autobús?

꽌도　　　　비에네　　엘　아우또부스

> **교통수단**
>
> • 기차　　**el tren** 엘 뜨렌　　　　　　• 비행기　**el avión** 엘 아비온, **el vuelo** 엘 부엘로
>
> • 택시　　**el taxi** 엘 딱시　　　　　　• 지하철　**el metro** 엘 메뜨로

7 위치, 장소 Lugar y sitio 루가르 이 시띠오

★ 화장실은 어디에 있나요?

¿Dónde está el baño?

돈데　　　　에스따　엘　바뇨

★ 엘리베이터는 있나요?

¿Hay un ascensor?

아이　　운　　아쎈소르

⋯▶ 저쪽에 있습니다.

Está allí.

에스따　　아이/지

★ 도서관은 어디입니까?

¿Dónde está la biblioteca?

돈데　　　　에스따　　라　비블리오떼까

⋯▶ 2층에 있습니다.

Está en el segundo piso.

에스따　엔　엘　세군도　　　삐소

★ 근처에 관광안내소가 있나요? 직역 : 가까운데 관광안내소가 있나요?

¿Dónde hay una oficina de turismo cerca?

돈데　　　아이　우나　오피씨나　　데　뚜리스띠까　　　쎄르까

* **cerca** 쎄르까 가까운, 근처에

★ 한국대사관을 찾고 있습니다.

Estoy buscando la embajada de Corea.

에스또이　부스깐도　　　라　엠바하다　　　데　꼬레아

★ (지도를 가리키며) 여기에서 먼가요?

¿Está lejos de aquí?

에스따　　레호스　데　아끼

1 이유를 물을 때 preguntar las causas 쁘레군따르 라스 까우사스

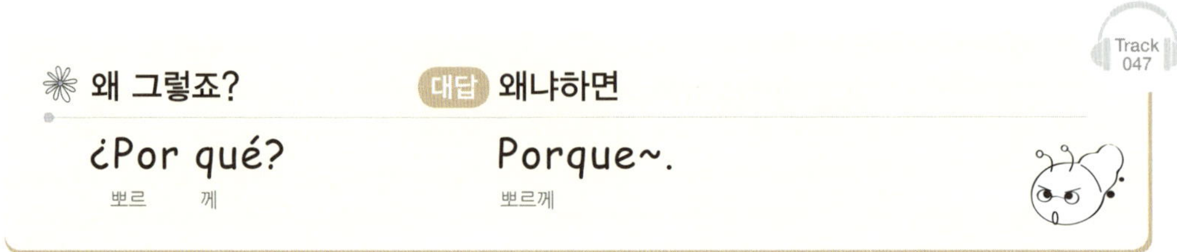

★ 왜?
¿Por qué?
뽀르 께

★ 왜 그래? = 왜 그렇죠? = 도대체 이유가 뭡니까?
¿Por qué? = ¿Cuál es la razón?
뽀르 께　　　　　꽐　에스 라 라손

★ 그들이 싸웠대.
Ellos se pelearon.
에요/조스 쎄 뻴레아론

⋯⋯▶ 왜?
¿Por qué?
뽀르 께

★ 왜 그런가요? 이유를 설명해 주세요.
¿Por qué? Deme explicaciones.
뽀르 께　데메　엑스쁠리까씨오네스

★ 이유를 물어봐도 됩니까?
¿Puedo preguntar el por qué/la razón?
뿌에도　쁘레군따르　엘 뽀르 께 라 라손

2 설명 요구 pedir explicaciones 뻬디르 엑스쁘리까씨오네스

★ 이름을 말씀해주시겠습니까?

¿Me puede decir su nombre?
메　뿌에데　데씨르　수　놈브레

¿Me podría decir su nombre?
메　뽀드리아　데씨르　수　놈브레

동사 podría 뽀드리아 는 ~할 수 있을까요?라는 뜻으로 puede 뿌에데 보다 조금 더 공손한 표현이다.

★ 이것은 무엇입니까?

¿Qué es esto?
께　에스　에스또

★ 이것은 무엇으로 만들었나요?

¿De qué está hecho esto?
데　께　에스따　에초　에스또

★ 얼마입니까?

¿Cuánto cuesta?
꽌또　꿰스따

★ 초인종이 울릴 때 누구세요?

¿Quién es?
끼엔　에스

★ 이 사람은 누구입니까? 가리키는 사람에 따라 성별이 구분 된다.

¿Quién es este hombre?　　남자 를 가리키며
끼엔　에스　에스떼　놈브레

¿Quién es esta mujer?　　여자 를 가리키며
끼엔　에스　에스따　무헤르

★ 설명을 좀 해 주시겠어요?

¿Puede darme explicaciones?

뿌에데　　　다르메　　　엑스쁠리까씨오네스

¿Podría darme explicaciones?

뽀드리아　　　다르메　　　엑스쁠리까씨오네스

★ 천천히 말해 주시겠어요?

Despacio, por favor.

데스빠씨오,　　　　뽀르 파보르

★ 스페인어가 서투르니, 천천히 말해주세요.

Despacio, por favor, que no hablo bien el español.

데스빠시오　　　뽀르　파보르　　　께　　노　　아블로　　비엔　　엘　에스빠놀

★ 이것은 무슨 뜻입니까?

¿Qué significa esto?

께　　　씨그니피까　　　에스또

★ 이것은 어떻게 발음하나요?

¿Cómo se pronuncia esto?

꼬모　　　쎄　　쁘로눈씨아　　　에스또

★ 이 동사는 어떻게 변화하나요?

¿Cómo se cambia este verbo?

꼬모　　　쎄　　깜비아　　　에스떼　　베르보

★ 뭐라고요?

¿Cómo?

꼬모

★ 왜 그렇죠?

¿Por qué es así?

뽀르　께　　에스 아씨

★ 미안하지만, 다시 말씀해 주시겠어요?

Perdón, repite, por favor.

뻬르돈　　　레뻬떼　　뽀르 퐈보르

★ 죄송하지만, 알아들을 수가 없네요.

Perdón, no entiendo.

뻬르돈,　　　노　엔띠엔도

* entiendo 엔띠엔도 (내가) 이해하다
* no entiendo 노 엔띠엔도 (내가) 이해하지 못하다

★ 다른 방법은 없습니까?

¿No hay otra manera?

노　　아이　오뜨라　마네라

★ 질문해도 될까요?

¿Puedo preguntar?

뿌에도　　쁘레군따르

★ 질문 하나 해도 되겠습니까?

¿Podría preguntar una cosa?

뽀드리아　쁘레군따르　　우나　꼬사

★ 질문 있어요!

¡Una pregunta!

우나　　쁘레군따

③ 대답

1 **일반적인 대답** Respuestas generales 레스뿌에스따스 헤네랄레스

★ OK!, 좋아!

¡Vale!
발레

> **Tip** 그냥 영어 표현 *ok* 오케이 라고도 말한다. 특히, 같은 아메리카인 중남미 권에서는 영어 표현이 스페인어 발음으로 많이 사용되기도 한다.

★ 좋아!

¡Bueno!
부에노

★ 좋아!
Me gusta.
메　구스따

★ 싫어요!
No me gusta.
노　메　구스따

★ 예/아니오.
Sí. / No.
씨　　노

★ 맞아요.
Correcto.
꼬렉또

★ 틀렸어요.
Incorrecto.
인꼬렉또

★ 알겠습니다.
Vale.
발레

★ 그래요. / 안 그래요.
Es verdad. / No es verdad.
에스　베르닫　　　　노　에스　베르닫

Track
050

★ 아마도...(그럴걸요?)

Quizás. / A lo mejor.
끼사스　　　　알 로 메호르

★ 글쎄요, 잘 모르겠는데요.

Pues, no lo sé.
뿌에스　　노 로 쎄

★ 난 찬성이야. / 난 반대야.

Estoy de acuerdo. / No estoy de acuerdo.
에스또이 데 아꾸에르도　　　노 에스또이 데 아꾸에르도

★ 저도요!

Yo también.　 =　 Igualmente.
요/죠 땀비엔　　　　　이구알멘떼

★ 정말이에요. 믿어주세요.

Es verdad. Crea en mí.
에스 베르닫　　꼬레아 엔 미

★ 안됩니다.

No, no puede.
노　　노 뿌에데

★ 그건 좀 곤란한데요. (곤란한 문제/곤란한 상황)

Pues, es difícil/un problema.

뿌에스　에스 디피씰　운　쁘로블레마

★ 괜찮습니다. 괜찮아요.

Está bien.　＝　No pasa nada.

에스따　비엔　　　노　빠사　나다

★ 문제 없습니다.

No hay problema.

노　아이　쁘로블레마

★ 전혀 문제 없습니다.

No hay ningún problema.

노　아이　닝군　　쁘로블레마

★ 그렇습니다. / 그렇지 않습니다.

Es así. / No es así.

에스 아씨　　노　에스 아씨

★ 좋은 생각이네요.

¡Qué buena idea!

께　　부에나　　이데아

★ 잘 모르겠습니다.

No lo sé.　＝　No tengo ni idea.

노　로 쎄　　노　뗑고　니 이데아

★ 당근이지!

¡Por supuesto!　＝　¡Claro que sí!

뽀르　수뿌에스또　　끌라로　께　씨

★ **이해되나요?**

¿Entiende?
엔띠엔데

···▸ **아,** 알겠습니다.

Ah, entiendo.
아   엔띠엔도

Ah, comprendo.
아   꼼쁘렌도

···▸ 이해했습니다.= 알겠습니다. .

He entendido.
에   엔뗀디도

> **Tip** entiendo 엔띠엔도는 entender 엔뗀데르 동사의 1인칭 현재형이고, he entendido 에 엔띠엔도는
> 1인칭 현재완료형이다. 이제 막 이해했다는 의미를 좀 더 잘 표현한 시제라고 할 수 있다.

★ **제 말 뜻을** 이해하시겠습니까? 직역 : 제가 말하는 것을 이해하시겠습니까?

¿Entiende lo que le digo?
엔띠엔데   로 께   레 디고

···▸ 네, 이해가 됩니다.

Sí, entiendo.
씨   엔띠엔도

와, **이제야** 감이 잡히네요.

Ah, ya me he enterado.
아 야/쟈 메   에   엔떼라도

★ **설마!**

¡No me digas!
노　메　디가스

★ 과연 그럴까요? (= 정말?)

¿Será verdad?
쎄라　베르닫

¿En serio?
엔　세리오

★ **믿을 수가 없군요.** 영어의 Unbelievable!

¡Increíble!
인끄레이블레

¡No me lo puedo creer!
노　멜　로　뿌에도　끄레에르

★ **잘** 모르겠습니다.

No lo sé bien.
노　로　쎄　비엔

★ **이해가 안 되는군요.**

No entiendo.
노　엔띠엔도

★ 무슨 **말을** 하는 겁니까?

¿Qué dice?
께　디쎄

* dice 디쎄 말하다, 이야기하다
원 decir 데씨르

182

4 답변하고 싶지 않을 때 Cuando no quiere responder
꽌도　노　끼에레　레스뽄데르

★ 뭐라고 해야할지 모르겠네요.
No sé cómo decir.
노　쎄　꼬모　데씨르

★ 할 말이 없군요.
No tengo palabras.
노　뗑고　빨라브라스

★ 그 이상은 저도 모릅니다.
Yo no sé, nada más.
요/죠　노　쎄　나다　마쓰

★ 개인적인 일입니다.
Es una cosa personal.
에스　우나　꼬사　뻬르소날

★ 대답하고 싶지 않아요.
No quiero responder.
노　끼에로　레스뽄데르

★ 무슨 말을 하는지 모르겠습니다.
No entiendo lo que usted dice.
노　엔띠엔도　로　께　우스뗃　디쎄

183

④ 부탁

1 일반적인 부탁 Peticiones generales 뻬띠씨오네스 헤네랄레스

★ 부탁이 있는데요.

Hágame un favor.
아가메　　운　퐈보르

★ 미안합니다만, 부탁합니다.

Lo siento, pero le pido un favor.
로　씨엔또　　　뻬로　레　삐도　운　퐈보르

★ 저를 도와 주시겠습니까?

¿Me podría ayudar?
메　뽀드리아　아유/쥬다르

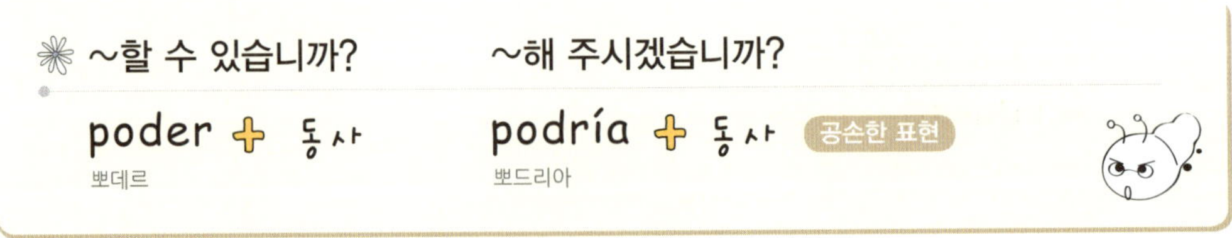

★ 부탁 드려도 될까요?

¿Puedo pedirle un favor?
뿌에도　뻬디를레　운　퐈보르

★ 그것을 빌려 주시겠습니까?

¿Podría prestarmelo?
뽀드리아　뽀레스따르멜로

★ 문/창문 좀 열어주시겠어요?

¿Puede abrir la puerta / la ventana?

뿌에데　　아브리르　라　뿌에르따　　　라　벤따나

★ 주소를 알려 주시겠어요?

¿Me puede dar la dirección?

메　뿌에데　　다르　라　디렉씨온

★ 잠깐 제 대신 해주시겠습니까?

¿Puede hacerlo un momento por mi?

뿌에데　　아쎄를로　　운　모멘또　　　　뽀르　미

★ 잠시 시간 좀 내주시겠습니까?

¿Tiene un rato?

띠에네　　운　라또

★ 제 곁에 있어 주세요.

Quédese conmigo.

께데쎄　　　　꼰미고

★ 혼자 있게 해 주십시오

Déjeme solo. 남자　　　　　**Déjeme sola.** 여자

데헤메　　쏠로　　　　　　　데헤메　　쏠라

★ 기회를 주십시오.

Déme una oportunidad.

데메　우나　오뽀르뚜니닽

★ 확인해 주십시오.

Confírmelo, por favor.

꼰피르멜로　뽀르　퐈보르

★ 잠깐 쉬어도 될까요?

¿Puedo descansar un rato?

뿌에도　데스깐사르　운　라또

* descansar 데스깐사르 휴식

★ 제가 좀 끼어도 되겠습니까? 직역 : 내가 끼어들어도 되겠습니까?

¿Me permite intervenir?

메　뻬르미떼　인떼르베니르

* permite 뻬르미떼 허용하다
원 permitir 뻬르미띠르

★ 저와 춤 추시겠습니까?

¿Quiere bailar conmigo?

끼에레　바일라르　꼰미고

★ 돈을 좀 빌릴 수 있겠습니까?

¿Me presta un poco de dinero?

메　쁘레스따　운　뽀꼬　데　디네로

* presta 쁘레스따 빌려주다
원 prestar 쁘레스따르

★ 저와 함께 가시겠습니까?

¿Quiere venir conmigo?

끼에레　베니르　꼰미고

★ 담배를 피워도 괜찮습니까?

¿Podría fumar?
뽀드리아 푸마르

* fumar 푸마르 담배피다

···▶ 안됩니다. 이곳은 금연구역입니다

No, es la zona de no fumadores.
노 에스 라 소나 데 노 푸마도레스

★ 한 시간만 당신 컴퓨터를 사용해도 되겠습니까?

¿Puedo usar su ordenador durante una hora?
뿌에도 우사르 수 오르데나도르 두란떼 우나 오라

★ 가능한 빨리 저에게 알려 주시겠습니까?

¿Me avisa lo más pronto posible?
메 아비사 로 마스 쁘론또 뽀시블레

★ 예. 그러겠습니다
Sí, vale.
씨   발레

★ 그렇고말고요.
Claro que sí.
끌라로   께   씨

Tip 부탁을 승낙할 때는 일반적인 예에 해당하는 Sí 씨이외에도 claro 끌라로 그럼요 등을 사용한다.

★ 네. 뭘 도와드릴까요?
Sí, ¿En qué puedo ayudarle?
씨 엔 께 뿌에도   아유/쥬다를레

* ayudarle 아유/쥬다를레 돕다. 도와주다

★ 네, 기꺼이 도와 드리겠습니다.
Sí, le ayudo con alegría.
씨 레 아유/쥬도 꼰   알레그리아

Sí, enhorabuena.
씨   엔오라부에나

★ 물론입니다.
Por supuesto.
뽀르   수뿌에스또

★ 그럼요. 문제없습니다.
Claro, no hay (ningún) problema.
끌라로 노 아이 닝군   쁘로블레마

* ningún 닝군 전혀

★ 그렇게 하십시오.

Haga lo que quiera.

아가　　로　께　　끼에라

★ 그 정도야 누워서 떡먹기입니다.　직역 : 이것은 매우 쉬운거야.

Eso es una cosa tan fácil.

에소　에스　우나　　꼬사　　딴　　퐈씰

* una cosa 우나 꼬사 ～한 것

★ 뭐든지 말씀만 해보십시오.

Dígame lo que sea.

디가메　　로　께　　쎄아

* sea 쎄아 하다
원 ser 세르

★ 내가 할 수 있는 일이라면, 얼마든지 도와드리겠습니다.

Le voy a ayudar dentro de mis capacidades.

레　보이　아　아유/쥬다르　덴뜨로　　데　미스　까빠씨다데스

* dentro 덴뜨로 ～안에

★ 힘껏 해 보겠습니다.

Voy a hacer todo lo posible.

보이　아　아쎄르　　또도　로　뽀시블레

★ 가능하다면요. 뭡니까?

Si es posible, ¿Qué es?

시　에스　뽀시블레　　께　에스

★ 죄송하지만, 할 수 없습니다.
Lo siento, pero no puedo.
로 씨엔또   뻬로   노   뿌에도

★ 안되겠습니다.
No puedo.
노   뿌에도

★ 아니, 괜찮습니다.
No, gracias.
노   그라시아스

★ 미안하지만, 내가 혼자하는 것이 편합니다.
Lo siento, pero prefiero hacerlo solo/a.
로 씨엔또   뻬로   쁘레피에로   아세를로   쏠로   라

★ 다음에 언제 기회가 있겠죠.
Habrá otra oportunidad la próxima vez.
아브라   오뜨라   오쁘르뚜니닫   라 쁘록시마   베스

* próxima 쁘록시마 다음의

★ 곤란합니다. 어렵다는 의미이지만 곤란하다는 뜻도 가능
Pues, es difícil.
뿌에스   에스 디피씰

Tip 바로 No 노 아니요.라고 하기보다는 그 일은 좀 어렵습니다. 곤란합니다.등의 표현을 사용하는 것이 좋다.

⑤ 권유·제안

1 권유 Sugerencia 수헤렌씨아

★ 먼저 하세요.
Hágalo primero.
아갈로　　　쁘리메로

* hágalo 아갈로 하다
원 hacer 아쎄르

★ 먼저 타세요.
Súbalo primero.
수발로　　　쁘리메로

* súbalo 수발로 타다
원 subir 아쎄르

★ 먼저 드세요.
Tómelo primero.
또멜로　　　쁘리메로

* tómelo 또멜로 먹다
원 tomar 또마르

> ❈ ~ 하세요. 2가지 방법이 있다.
>
> ① 동사의 명령형
>
> ② 원형동사 ✚ por favor.
> 　　　　　　　　　뽀르　파보르

★ 지금 출발합시다.
Vamos a partir ahora.
바모스　　아　빠르띠르　아오라

★ 지금 돌아가는 편이 좋겠어요.
Es mejor que vuelva ahora.
에스　메호르　　께　부엘바　　아오라

★ 제게 좋은 생각이 있습니다.
Tengo una buena idea.
뗑고　　　우나　부에나　　이데아

★ 이제 **그만 합시다.**= 오늘은 이만 합시다.

Basta. Ya lo dejamos.
바스따　　야/쟈 로　데하모스

* basta 바스따 그만합시다
* ya dejamos 야/쟈 데하모스 그만합시다

날 짜			
• 오늘	Hoy 오이	• 어제	Ayer 아예/쟤르
• 내일	Mañana 마냐나	• 그저께	Anteayer 안떼아예/쟤르
• 모레	Pasado mañana 빠사도 마냐나		

★ 지금 시작**하는 것이 좋을 것 같습니다.**

Será mejor que empiece ahora.
세라　　메호르　　께　　엠삐에쎄　　아오라

* será 세라 하다
  원 ser 세르

★ 한 번 시도해 봅시다.

Vamos a probar.
바모스　　아　쁘로바르

★ 화해해요.

Vamos a reconciliarnos.
바모스　　아　레꼰실리아르노스

★ 털어놓고 **얘기합시다.**

Vamos a hablar francamente.
바모스　　아　아블라르　　프란까멘떼

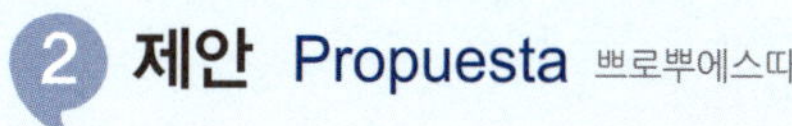 

2 제안 Propuesta 쁘로뿌에스따

★ 이건 / 그건 / 저건 어떻습니까?

¿Cómo es esto / eso / aquello?
꼬모 에스 에스또 에소 아께요

★ 저랑 쇼핑 가시겠어요?

¿Quiere ir de compras conmigo?
끼에레 이르 데 꼼쁘라스 꼰미고

★ 내일 나와 함께 저녁 먹을래요?

¿Quiere cenar conmigo mañana?
끼에레 쎄나르 꼰미고 마냐나

* desayunar 데사유/쥬나르 아침먹다
* almorzar 알모르사르 점심먹다
* cenar 쎄나르 저녁먹다
* comer 꼬에르 (밥을) 먹다

★ 도와 드릴까요

¿Le ayudo?
레 아유/쥬도

★ 제가 짐을 들어드릴까요?

¿Quiere que coja su maleta?
끼에레 께 꼬하 수 말레따

★ 제가 안내를 해드릴까요?

¿Quiere que le guíe?
끼에레 께 레 기에

* guíe 기에 안내하다
원 guiar 기아르

★ 창문을 열까요?

¿Quiere que abra la ventana?
끼에레 께 아브라 라 벤따나

 **Tip** 내가 ~할까요? 보다는 ~하기를 원하십니까? ¿Quiere~? 끼에레 로 순화시켜 말한다. 만약 말 그대로 ~할까요? 라고 말하고 싶다면, 그냥 내가 ~하다 라는 문장에 물음표만 붙여주면 된다.

★ 저하고 드라이브 가시겠습니까?

¿Quiere dar un paseo en coche conmigo?

끼에레　다르　운　빠세오　엔　꼬체　꼰미고

★ 오늘밤 쇼 / 영화를 보러가시겠습니까?

¿Quiere ir a ver un espectáculo / una película esta noche?

끼에레　이르 아 베르　운　에스뻭따꿀로　우나　뻴리꿀라　에스따　노체

★ 원하시면 같이 가시죠.

Vámonos si quiere.

바모모스　시　끼에레

★ 나가서 산책이나 합시다.

Vamos a dar un paseo.

바모스　아 다르　운　빠세오

★ 커피 한 잔 드시겠어요?

¿Quiere una taza de café?

끼에레　우나　따사　데　까페

Tip 일반적으로 마시는 것에는 관사가 생략되기도 한다.　ex) Beber café 베베르 카페 **커피를 마시다.**

음 료

•에스프레소	sólo doble 솔로 도블레	
•라떼	café con leche 까페 꼰 레체	
•카푸치노	capuchino 까뿌치노	
•카라멜 마끼야또	macchiato con caramelo 마치아또 꼰 까라멜로	
•홍차	té negro 떼 네그로	
•레몬에이드	limonada 리모나다	
•콜라	coca-cola 꼬까꼴라	

★ 기왕에 왔으니까, 식사를 하는 게 좋을 것 같아요.

Como ha venido, es mejor que coma.
꼬모　아　베니도　에스 메호르　께　꼬마

★ 우리 얘기 좀 할 수 있나요?

¿Podemos conversar?
뽀데모스　꼰베르사르

★ 좋으실대로 하십시오.

Haga lo que quiera.
아가　로　께　끼에라

＊ haga 아가 하다
원 hacer 아쎄르

★ 편히 앉으십시오.

Siéntese a gusto.
시엔떼세　아 구스또

★ 담배는 끊는 게 좋습니다.

Es mejor dejar de fumar.
에스 메호르　데하르　데　푸마르

★ 빠를수록 좋습니다.

Cuanto más pronto, mejor.
꽌또　마스　쁘론또　메호르

 (〜하면) 〜할수록

Cuanto más~
꽌또　마스

★ 좋습니다.

Bueno.

부에노

★ 좋은 생각입니다.

Es una buena idea.

에스 우나   부에나   이데아

★ 네, 그렇게 하겠습니다.

Sí, voy a hacerlo.

씨   보이   아   아쎄를로

★ 나쁘지 않군요.

No está mal.

노   에스따   말

★ 감사합니다. 그렇게 해 주십시오.

Gracias, hágalo así.

그라시아스   아갈로   아씨

★ 당신이 말한 대로 하겠습니다.

Voy a hacer lo que me ha dicho.

보이   아 아쎄르   로 께   메 아   디쵸

★ 기꺼이 당신의 제안을 받아들이겠습니다.

Acepto su recomendación.

아쎕또   수   레꼬멘다씨온

Track 060

★ 사양하겠습니다.

No, no lo acepto.
노　　노　로　아쎕또

★ 고맙지만, 필요 없습니다.

Gracias, pero no necesito.
그라시아스　　　뻬로　　노　　네쎄시또

★ 죄송하지만, 지금은 안됩니다.

Lo siento, pero ahora no puedo.
로　씨엔또　　　뻬로　　아오라　　노　　뿌에도

★ 그럴 생각이 없습니다.

No, no tengo ganas.
노　　노　떼고　　가나스

★ 가고 싶지만, 선약이 있습니다.

Me gustaría ir, pero tengo una cita.
메　　구스따리아　　이르 뻬로　　떼고　　우나　　씨따

★ 다른 용무가 있어서....

Es que tengo otra cosa que hacer...
에스 께　　떼고　　오뜨라　꼬사　　께　　아쎄르

★ 그럴 기분이 아닙니다.

No tengo ganas de hacerlo.
노　떼고　　가나스　　데　아쎄를로

197

⑥ 계획 · 결정

1 계획 Plan 쁠란

★ 이번 주말에 여행갈 계획입니다.

Planeo viajar este fin de semana.
쁠라네오 비아하르 에스떼 핀 데 세마나

Track 061

★ 새로운 사업을 할 예정입니다.

Tengo el plan de abrir un nuevo negocio.
뗑고 엘 쁠란 데 아브리르 운 누에보 네고씨오

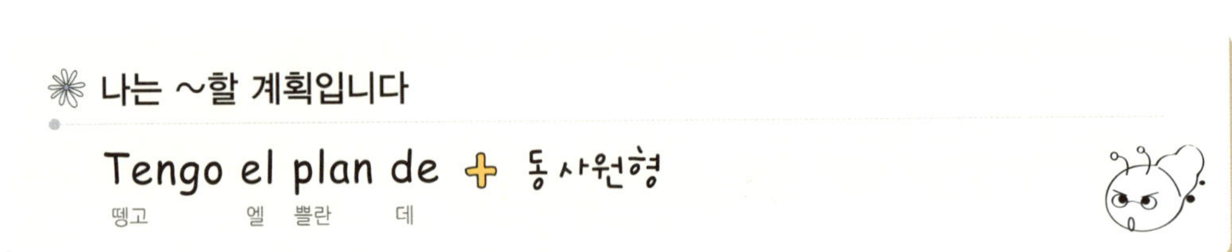

✳ 나는 ~할 계획입니다

Tengo el plan de ✚ 동사원형
뗑고 엘 쁠란 데

★ 9시에 출발할 예정입니다.

Voy a partir a las nueve.
보이 아 빠르띠르 아 라스 누에베

* voy 보이 가다 원 ir 이르

✳ ~할 것이다

Ir a ✚ 원형동사
이르 아

★ 다음 주에 한국으로 돌아 갑니다.

Vuelvo a Corea la semana que viene/la próxima semana.
부엘보 아 꼬레아 라 세마나 께 비에네 라 쁘록시마 세마나

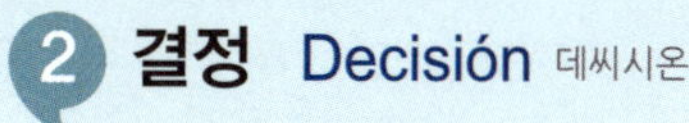

2 결정 Decisión 데씨시온

★ **결정**하셨습니까?

¿Ha decidido?
아　　데씨디도

····▶ **아직** 결정을 못했습니다.

Aún no he decidido.
아운　노　에　데씨디도

★ **천천히** 결정해도 됩니까?

¿Puedo decidirlo más despacio?
뿌에도　　데씨디를로　　마스　데스빠시오

★ 며칠 동안 **생각할 시간을 주십시오.**

Déme un par de días para pensar.
데메　　운　빠르　데　디아스　빠라　뻰사르

★ 그건 제 마음대로 **결정할 수가 없습니다.**

No puedo decidirlo como yo quiera.
노　뿌에도　　데씨디를로　　꼬모　　요/죠　끼에라

★ 어떻게 해야할 지 **모르겠습니다.**

No sé cómo hacer.
노　쎄　꼬모　　아쎄르

★ 동전을 던져서 결정합시다.

Vamos a tomar la decision a cara o cruz.
바모스　　아　또마를　라　데씨시온　아　까라　오　꾸르스

⑦ 충고 · 주의

1 충고 Consejo 꼰세호

★ 최선을 다하십시오.

Haga todo lo posible.
아가　　또도　　로　뽀시블레

* haga 아가 하다
원 hacer 아쎄르

★ 자존심을 버리세요.

No sea tan orgullosa(o).
노　세아　딴　오르구요사　소

★ 명심하세요.

Téngalo en cuenta.
뗀갈로　엔　꾸엔따

★ 선수를 치십시오.　직역 : 먼저 하십시오

Hágalo primero.
아갈로　쁘리메로

* hágalo 아갈로 하다
원 hacer 아쎄르

★ 진지하게 받아들이세요.

Tómelo en serio.
또멜로　엔　세리오

★ 그것을 그만두세요.

Deje de hacerlo.
데헤　데　아쎄를로

★ 어른답게 행동하세요.

Pórtese como un adulto.
뽀르떼세　꼬모　운　아둘또

200

★ **농담**이 너무 심하네요.

Es una broma muy pesada.

에스 우나 브로마 무이 뻬사다

★ **제** 말에 귀를 기울이십시오.

Escuche con mucha atención lo que le digo.

에스꾸체 꼰 무챠 아뗀씨온 로 께 레 디고

★ 담배와 술을 **끊으셔야 합니다.**

Debe dejar de fumar y de beber alcohol.

데베 데하르 데 푸마르 이 데 베베르 알꼴

❈ ~ 하는 것을 그만두다

dejar de ➕ 원형동사
데하르   데

★ **지금** 가는편이 좋겠어요.

Es mejor irnos ahora.

에스 메호르 이르노스 아오라

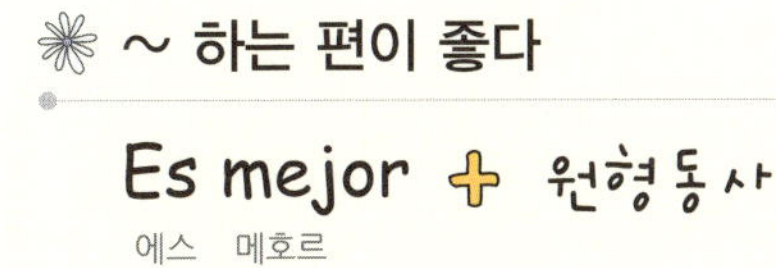

❈ ~ 하는 편이 좋다

Es mejor ➕ 원형동사
에스 메호르

★ **실수**를 할까봐 두려워 마세요.

No tenga miedo de cometer un error.

노 뗑가 미에도 데 꼬메떼르 운 에로르

* tenga miedo 뗑가 미에도 두려워하다
원 tener miedo 떼네르 미에도

201

★ 멈춰요!

¡Pare!

빠레

★ 주의하세요!

¡Cuidado!

꾸이다도

★ **각별히** 주의하십시오.

Preste mucha atención.

쁘레스떼　무챠　아뗀씨온

★ 자동차를 **특히 주의하세요.**

Cuidado, sobre todo, con el coche.

꾸이다도　소브레　또도　꼰　엘　꼬체

* sobre todo 소브레 또도 특히

★ 자동차를 **조심하십시오.**

¡Cuidado con el coche!

꾸이다도　꼰　엘　꼬체

★ 어떠한 경우라도 반드시 **내게 알려주십시오.**

Avísemelo en cualquier caso.

아비세멜로　엔 꽐끼에르　까소

★ 그곳**에 가면 안 됩니다.**

No puede ir allí.

노　뿌에데　이르 아이/지

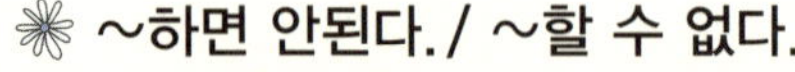

❋ ~하면 안된다. / ~할 수 없다.

No puede ＋ 원형동사

노　　　뿌에데

* puede 뿌에데 ~할 수 있다
원 poder 뽀데르

202

★ 잊지 말고 꼭 기억하세요.

No lo olvide y recuérdelo.

노 로 올비데 이 레꾸에르델로

★ 오해하지 마세요. 직역 : 그렇게 생각하지 마세요

No piense así.

노 삐엔세 아씨

★ 화내지 마세요.

No esté furioso(a).

노 에스떼 푸리오소 사

* furioso(a) 푸리오소(사) 화가 난
동의어 enfadado(a) 엔파다도(다) 화가 난

★ 개의치 마세요. 걱정하지 말라는 뜻이지만 비슷한 뉘앙스이다.

No se preocupe.

노 세 쁘레오꾸뻬

★ 저를 실망시키지 마세요.

No me decepcione.

노 메 데셉씨오네

★ 사람 놀리지 마! = 바보 취급하지 마!

No me trate de tonto/a.

노 메 뜨라떼 데 똔또 따

★ 비밀을 지키세요.

Guárdeme el secreto.
구아르데메　　　엘　세끄레또

★ 격식 따위는 따지지 마세요.

No sea tan ceremoniosa(o).
노　세아　딴　쎄레모니오사　　　소

★ 이제 다툼은 그만 합시다.

Ya, dejemos de pelear.
야/쟈 데헤모스　　데　뻴레아르

* pelear 뻴레아르 다투다

★ 제발 언성을 높이지 마세요.

Por favor, no levante la voz.
뽀르　퐈보르　　노　레반떼　　라　보스

※ **～ 하지 마세요.** 부정명령형은 2가지 방법이 있다.

① 동사의 부정명령형

② No ✚ 원형동사 , por favor.
노　　　　　　　　　　　뽀르　퐈보르

★ 제발 욕 좀 그만 하십시오.

Por favor, deje de hablar mal.
뽀르　퐈보르　데헤　데　아블라르　　말

* hablar mal 아블라르 말 나쁜말을 하다

★ 자기가 한 말은 책임져야 합니다.

Uno debe ser responsible con lo que dice.
우노　데베　세르　레스뽄시블레　　　꼰　로　께　디세

★ 법대로 하는 것이 좋을 것 같습니다.

Será mejor que lo hagamos conforme la ley.

세라　메호르　께　로　아가모스　꼰포르메　라 레이

★ 말보다는 행동이 중요합니다.

Es más importante una acción que una palabra.

에스 마스　임뽀르딴떼　우나　악씨온　께　우나　빨라브라

* más~que~~ 마스~께~~ ~~보다 더~한

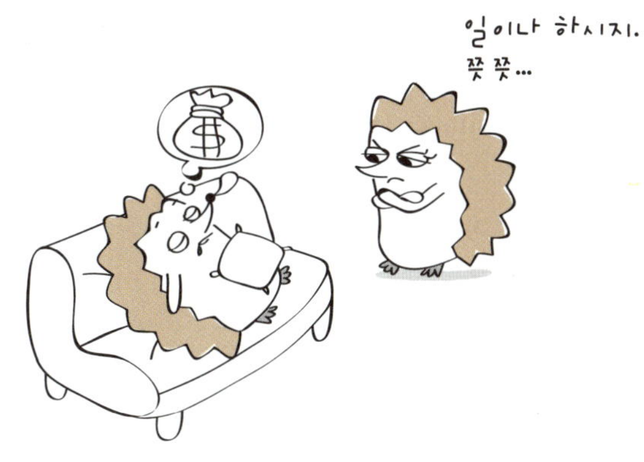

동사변화표 스페인어의 모든 동사는 –ar, –er, –ir로 끝난다.

▌규칙동사 동사변화표

동사원형	인칭	직설법 현재		직설법 불완료 과거		직설법 부정과거	
		단수	복수	단수	복수	단수	복수
hablar 말하다	1인칭	hablo	hablamos	hablaba	hablábamos	hablé	hablamos
	2인칭	hablas	habláis	hablabas	hablabais	hablaste	hablasteis
	3인칭	habla	hablan	hablaba	hablaban	habló	hablaron
comer 먹다	1인칭	como	comemos	comía	comíamos	comí	comimos
	2인칭	comes	coméis	comías	comíais	comiste	comisteis
	3인칭	come	comen	comía	comían	comió	comieron
vivir 살다	1인칭	vivo	vivimos	vivía	vivíamos	viví	vivimos
	2인칭	vives	vivís	vivías	vivíais	viviste	vivisteis
	3인칭	vive	viven	vivía	vivían	vivió	vivieron

▌불규칙동사

동사원형	인칭	직설법 현재		직설법 불완료 과거		직설법 부정과거	
		단수	복수	단수	복수	단수	복수
dar 주다	1인칭	doy	damos	daba	dábamos	di	dimos
	2인칭	das	dais	dabas	dabais	diste	disteis
	3인칭	da	dan	daba	daban	dió	dieron
decir 말하다	1인칭	digo	decimos	decía	decíamos	dije	dijimos
	2인칭	dices	decís	decías	decíais	dijiste	dijisteis
	3인칭	dice	dicen	decía	decían	dijo	dijeron
doler 아프다	1인칭	duelo	dolemos	dolía	dolíamos	dolí	dolimos
	2인칭	dueles	doléis	dolías	dolíais	doliste	dolisteis
	3인칭	duele	duelen	dolía	dolían	dolió	dolieron
dormir 자다	1인칭	duermo	dormimos	dormía	dormíamos	dormí	dormimos
	2인칭	duermes	dormís	dormías	dormíais	dormiste	dormisteis
	3인칭	duerme	duermen	dormía	dormían	durmió	durmieron
estar ~있다 (상태)	1인칭	estoy	estamos	estaba	estabámos	estuve	estuvimos
	2인칭	estás	estáis	estabas	estabais	estuviste	estuvisteis
	3인칭	está	están	estaba	estaban	estuvo	estuvieron
haber ~있다	1인칭	he	hemos	había	habíamos	hube	hubimos
	2인칭	has	habéis	habías	habíais	hubiste	hubisteis
	3인칭	ha	han	había	habían	hubo	hubieron

불규칙동사

동사원형	인칭	직설법 현재		직설법 불완료 과거		직설법 부정과거	
		단수	복수	단수	복수	단수	복수
hacer 하다	1인칭	hago	hacemos	había	habíamos	hube	hubimos
	2인칭	haces	hacéis	habías	habíais	hubiste	hubisteis
	3인칭	hace	hacen	había	habían	hubo	hubieron
ir 가다	1인칭	voy	vamos	iba	íbamos	fui	fuimos
	2인칭	vas	vais	ibas	ibais	fuiste	fuisteis
	3인칭	va	van	iba	iban	fue	fueron
poder 할수있다	1인칭	puedo	podemos	podía	podíamos	pude	pudimos
	2인칭	puedes	podéis	podías	podíais	pudiste	pudisteis
	3인칭	puede	pueden	podía	podían	pudo	pudieron
querer 좋아하다	1인칭	quiero	queremos	quería	queríamos	quise	quisimos
	2인칭	quieres	queréis	querías	queríais	quisiste	quisisteis
	3인칭	quiere	quieren	quería	querían	quiso	quisieron
saber 알다	1인칭	sé	sabemos	sabía	sabíamos	supe	supimos
	2인칭	sabes	sabéis	sabías	sabíais	supiste	supisteis
	3인칭	sabe	saben	sabía	sabían	supo	supieron
salir 나가다	1인칭	salgo	salimos	salía	salíamos	salí	salimos
	2인칭	sales	salís	salías	salíais	saliste	salisteis
	3인칭	sale	salen	salía	salían	salió	salieron
seguir 이어가다	1인칭	sigo	seguimos	seguía	seguíamos	seguí	seguimos
	2인칭	sigues	seguís	seguías	seguíais	seguiste	seguisteis
	3인칭	sigue	siguen	seguía	seguían	siguió	siguieron
sentir 느끼다	1인칭	siento	sentimos	sentía	sentíamos	sentí	sentimos
	2인칭	sientes	sentís	sentías	sentíais	sentiste	sentisteis
	3인칭	siente	sienten	sentía	sentían	sintió	sintieron
ser ～이다	1인칭	soy	somos	era	éramos	fui	fuimos
	2인칭	eres	sois	eras	erais	fuiste	fuisteis
	3인칭	es	son	era	eran	fue	fueron
tener 가지다	1인칭	tengo	tenemos	tenía	teníamos	tuve	tuvimos
	2인칭	tienes	tenéis	tenías	teníais	tuviste	tuvisteis
	3인칭	tiene	tienen	tenía	tenían	tuvo	tuvieron
venir 오다	1인칭	vengo	venimos	venía	veníamos	vine	vinimos
	2인칭	vienes	venís	venías	veníais	viniste	vinisteis
	3인칭	viene	vienen	venía	venían	vino	vinieron
ver 보다	1인칭	veo	vemos	veía	veíamos	vi	vimos
	2인칭	ves	veis	veías	veíais	viste	visteis
	3인칭	ve	ven	veía	veían	vio	vieron

카카오플러스에서 1:1 상담으로
함께 공부하세요!

저자 외국어교육팀
감수 정지인 · Cecilia Lee Chang
4판 1쇄 2018년 4월 30일　　　발행인 김인숙　　　발행처 (주)동인랑
Editorial Director 김인숙　　　Designer 김미선
Printing 삼덕정판사

감수 / Cecilia Lee Chang

Spanish lessons in Korea gas technology corporation (한국가스기술공사)
Spanish lessons in LG ELECTRONICS (LG전자)
Spanish lessons in Korea gas technology corporation (한국가스기술공사)
Spanish lessons in GS E&C (GS건설)

감수 / 정지인

대우건설 SPANISH 면접관 투입
효성그룹 사원대상 스페인어 입문 수업
삼성교육장 (엠파이어 빌딩) 주재원 집중 교육 중
삼성전자 본사 VIP홍보관 홍보원 면접관 투입
예금보험공사 임직원 수업
삼성전자 화성 수업
SK 네트웍스에서 스페인어관련 특강

139-240
서울시 노원구 공릉동 653-5

대표전화 02-967-0700

팩시밀리 02-967-1555

출판등록 제 6-0406호

ISBN 978-89-7582-576-7

동인랑 에서는 참신한 외국어 원고를 모집합니다.